MANUA
Feng-Shui

DE ACUERDO CON LOS CRITERIOS ARQUITECTÓNICOS OCCIDENTALES

IBRAHIM GUERRA

Alfaomega

LOS LIBROS DE
EL NACIONAL

Manual práctico de Feng–Shui
De acuerdo con los criterios arquitectónicos occidentales
Ibrahim Guerra

ISBN 980-6423-75-5, edición original publicada por

Pitágoras 1139, Col. Del Valle, 03100 México, D.F.

Miembro de la Cámara Nacional de la Industria Editorial Mexicana
Registro No. 2317

Internet: **http://www.alfaomega.com.mx**
Correo electrónico: **ventas1@alfaomega.com.mx**

ISBN 970-15-0742-8

Impreso en México - Printed in Mexico

Contenido

El espacio refleja nuestra personalidad, por lo que mientras más funcional sea, mayor conocimiento y dominio tendremos sobre nuestra propia forma de entender la vida y de conducirnos a lo largo de ella.

Lin Yu Ku

Introducción
¿Qué es el Feng-Shui?

Bajo el punto de vista práctico y funcional, el Feng-Shui es el análisis de todas las condiciones energéticas de un espacio a la luz de sus características arquitectónicas y ambientales, con la intención de proponer soluciones que posibiliten el desarrollo (o el resurgimiento) de circunstancias favorables. Su aplicación está orientada a lograr resultados en cortos plazos de tiempo y abarca espacios habitacionales así como laborales o comerciales.

La arquitectura china responde a criterios deducidos de su contexto geográfico y de la concepción filosófica del universo propia de su gente, así que los parámetros de distribución del mobiliario que ella establece son sustancialmente diferentes a los nuestros e incompatibles en su mayoría con nuestro medio. En vista de esto, en el presente tratado se ha puesto especial énfasis en una manera occidentalizada de aplicación de los mismos. Asimismo, se ha centrado la atención en una de las dos grandes escuelas del Feng-Shui, la de La Forma, y más específicamente en la llamada Escuela Perimetral, cuyos criterios de análisis de los espacios atienden a la forma de su contorno externo. No obstante, a manera de referencia, enunciaremos los postulados y fundamentos prácticos de la otra gran escuela del Feng-Shui, la de La Brújula.

Lo que motivó este libro

Toda mi vida me he interesado por los ambientes donde se desarrollan conflictos humanos. Esta ha sido una inquietud determinante en mi carrera como ingeniero y productor teatral, al punto de centrar mi trabajo en el análisis, diseño y construcción de este tipo de ambientes. La mayoría de las veces este proceso creativo lo he llevado a cabo en espacios reales que he tenido que remodelar con la intención de recuperar sus formas originales, usualmente modificadas e incluso en algunos casos pervertidas, luego de sucesivas transformaciones. Muchas veces, al tratar con esos espacios, llegué a sentir que contenían una energía viva y productiva y que mientras más dinámica y vigorosa era su presencia, en mayor grado era posible lograr una estancia más armónica y placentera en su interior.

El presente tratado sobre Feng-Shui reúne conocimientos teóricos y experiencias docentes, así como soluciones prácticas obtenidas a partir de más de trescientos casos analizados. En doscientos veinte de estos casos se ha podido comprobar el alcance de los métodos empleados en la rehabilitación energética de espacios habitacionales y laborales, tales como casas y apartamentos, las formas de habitabilidad más representativas y comunes del hemisferio occidental.

Las soluciones aquí presentadas se plantearon recurriendo a distintos procedimientos según las necesidades de cada caso. En ocasiones bastó con hacer simples modificaciones en la ubicación de los implementos del mobiliario, tanto funcionales como meramente decorativos, procediendo a la eliminación de los que resultaban inútiles. Otro procedimiento tenía que ver con el cambio parcial o a veces total de los colores de las paredes o las cortinas. Y se llegó incluso a trabajar en la ubicación de imágenes religiosas y conmemorativas. En tales casos se estudió según la distribución energética particular de ciertos espacios y se le asignó un sitio preciso a cada icono. Este procedimiento se usó también con trofeos, placas, medallas y fotografías familiares.

Primera parte
Dinámica del Feng-Shui

Caso preliminar

En la época en que comencé a escribir estos textos, a mi madre se le manifestó una afección cancerígena en la zona más delicada del páncreas. Para entonces ya llevaba unos tres años realizando actividades relacionadas con el Feng-Shui, que para mí era una vía para alcanzar el perfecto equilibrio entre el hombre, su ambiente y las energías contenidas en ese ambiente. Fue así como guiado por esa convicción decidí recurrir a las técnicas del Feng-Shui para ayudar a la recuperación de mi madre. Inmediatamente tomé medidas para evitar que la *energía vital* se escapara de su vivienda y a partir de ese momento las dolencias y los malestares dejaron de manifestarse. Pero aún cabía esperar que los tumores, detectados y evidenciados en los exámenes médicos, siguieran acechando, creciendo silenciosamente, a la espera de algún descuido orgánico o energético para continuar su desarrollo feroz y mortal.

Durante cuatro años no se presentaron mayores molestias lo cual ya significaba un récord si se considera lo delicado del caso. Pero pasado este tiempo se manifestaron síntomas claros de que una enfermedad se había desarrollado en forma contundente. Aunque no podía determinarse cabalmente de qué se trataba, los médicos insistían en que era una consecuencia de aquella primera afección en el páncreas. Así lo confirmaron los exámenes clínicos;

el tumor cancerígeno se había desarrollado dentro de dicha glándula y hecho metástasis.

Alentados por los primeros logros de la aplicación de las técnicas del Feng-Shui, continuamos la labor sanadora en el apartamento de mi madre, pero le sobrevino una crisis muy aguda que según los médicos y paramédicos que la trasladaron al hospital era definitivamente mortal. Entonces llevamos al propio hospital algunas de las prácticas que iniciamos en el hogar. Mientras tanto, mi madre fue sometida a los tratamientos de rigor, incluyendo cirugía; se sobrepuso, recuperó parte de sus fuerzas habituales y fue dada de alta una semana más tarde. Durante la consulta médica prevista para la revisión de la secuela del tratamiento le fueron revelados los resultados de las biopsias practicadas durante la intervención, ¡todos fueron negativos!

En este proceso, signado por el uso de propiedades y posibilidades sanadoras de las técnicas del Feng-Shui, tuvieron importancia otros factores. Por una parte, la diligencia y pericia médica y, por otra, el deseo de vivir de la paciente así como su voluntad de sobreponerse a las dolencias que la aquejaban. Y por último, aunque de fundamental importancia, está la profunda fe religiosa de quienes participamos en este proceso, en especial la de ella; ninguno de nosotros dejó, en ningún momento, de confiar en los favores divinos.

Los favores divinos, como los entienden todas las religiones del mundo, provienen del universo, recinto de dioses que según muchas destacadas creencias no son las únicas fuerzas a las que está sometido el hombre. El hombre, junto a todo cuanto existe sobre la tierra, se encuentra en medio de dos grandes corrientes energéticas: las que vienen de las entrañas del planeta y las que se reciben del cielo o universo. Los chinos, por su parte, sustentan la existencia de una tercera opción energética: la genética, transmitida de padres a hijos.

En la práctica del Feng-Shui sólo se toman en cuenta las dos primeras corrientes energéticas armonizadas en una sola que recibe el nombre de *energía vital*, o *Chi*.

El hábitat humano

La armonización del ambiente se refiere a la creación de un espacio adecuado que satisfaga todas las necesidades energéticas de una persona para que pueda desarrollar con éxito todas sus actividades intelectuales y sociales. Se trata de un proceso integral que abarca tanto los aspectos emocionales y fisiológicos de la persona como el conjunto de la vida cotidiana, sus realizaciones sociales, afectivas, laborales o financieras.

La armonización se basa en procedimientos que comienzan por detectar las energías para luego acondicionar el espacio donde éstas se manifiestan de manera que fluyan convenientemente, sin estancarse ni perturbarse entre sí, sino adaptándose a los mecanismos de funcionamiento evolutivo del espacio y de quienes lo habitan o usan.

Uno de los medios para lograr esto es la aplicación de las técnicas elementales de composición y reorientación de los objetos que integran esos ambientes y espacios. Habitualmente se comienza por la elección de colores según la vibración energética propia de su condición cromática. En segundo lugar, se toma en cuenta la composición estética que se establezca entre ellos y que los haga armónicos entre sí. En tercer lugar, se suprimen de esos espacios los elementos que perturban el libre fluir de la *energía vital*. Por último, se agregan objetos que propicien el ingreso de esas mismas energías al espacio considerado y generen su movimiento dentro del mismo.

Los procedimientos arriba señalados son los mismos aplicados por las diferentes corrientes milenarias orientales del Feng-Shui, todas ellas agrupadas en dos grandes tendencias o escuelas: la de La Forma y la de La Brújula. La primera usa la *cuadrícula* rectangular y la segunda *el octágono radial*, a ambas opciones de distribución de las áreas energéticas de una vivienda u oficina se les denomina mapa Bagua.

Este libro sigue exclusivamente los postulados de la escuela de La Forma porque resulta viable en nuestro contexto ya que es más armónica con el medio occidental, con su arquitectura y su forma particular de concebir y decorar los ambientes habitacionales y laborales. En el anexo se especifican detalles sobre la Escuela de La Brújula.

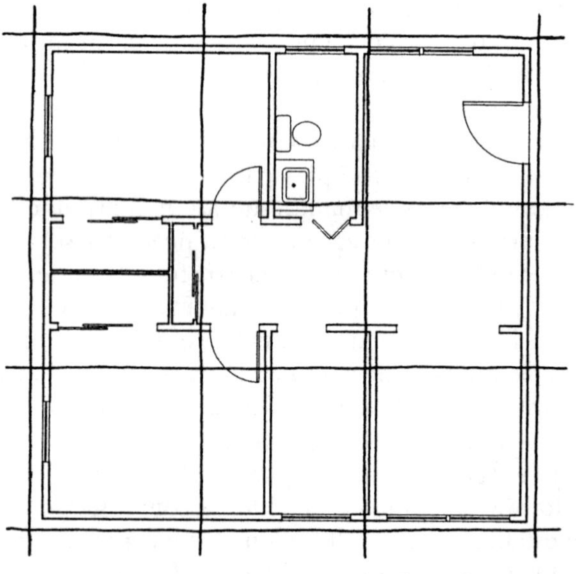

Algunas corrientes de la Escuela de La Forma distribuyen las zonas energéticas de los espacios de acuerdo con una plantilla rectangular dividida en nueve áreas iguales.

La Escuela Perimetral

Con frecuencia, los espacios que adquirimos para vivir o trabajar ya poseen características arquitectónicas propias cuya modificación nos está expresamente prohibida, o en el mejor de los casos se nos dificulta. Por lo general, tampoco nos es posible alterar sus áreas exteriores, que son de uso público y responden a normas que regulan sus formas, texturas y colores. En estos casos, la opción que nos queda es la de modificar los espacios interiores centrándonos en el aspecto decorativo, para lo cual recurriremos a la Escuela Perimetral.

La Escuela Perimetral es una aplicación de la corriente de La Forma que atiende a las irregularidades del perímetro exterior de los espacios y a sus elementos de ventilación y acceso, incluidas las puertas, las ventanas y las claraboyas. Como en las demás corrientes, en ésta también se toman en cuenta elementos como los sumideros y los extractores de aguas negras de todas las áreas de servicio higiénico (baños y lavanderos). Se tiene la certeza de que tanto a través de los retretes como de los desaguaderos o albañales, con las aguas de desecho se escapa una significativa cantidad de *energía vital.*

Así, pues, en resumen, a la hora de la aplicación del Feng-Shui en materia arquitectónica, se toman en consideración, junto con la forma externa del espacio, la cantidad y ubicación de los elementos de sustentación visibles; las columnas, las vigas, las ventanas y las puertas. Y en materia de decoración, todos los elementos que integran el mobiliario y los implementos decorativos y ambientales.

Horizontalidades sensoriales

Sólo aquello que se logra percibir sensorialmente en forma inmediata, es decir, a través de los sentidos, vista, oído, tacto, gusto y olfato, puede provocar en nosotros algún tipo de alteración emocional y, por ende, repercutir en el resultado final de nuestras acciones y funciones.

La vista y el tacto sólo pueden ser activados con estímulos horizontales, es decir, los que se encuentran al mismo nivel del espacio considerado. Los otros tres sentidos pueden ser activados, además, por estímulos verticales, o sea, aquellos generados por objetos que se encuentran en otros niveles diferentes al del espacio considerado.

Siempre que se habla de estímulos horizontales se hace referencia a aquellos elementos que se encuentran al alcance, principalmente, del tacto o de la vista por lo que basta un color, una textura, una imagen o cualquier representación de un recurso sanador, para que este equivalente ejerza también una determinada influencia positiva.

En qué consiste un buen ambiente

Un buen ambiente es aquel donde todos los objetos, muebles, artefactos, adornos, armarios, electrodomésticos, cortinas, se encuentran ubicados en el lugar donde puedan cumplir a cabalidad todas sus funciones. Pero es necesario, además, que ellos se integren a la armonía general del espacio de acuerdo con sus características físicas de forma, tamaño, color, texturas y mecánicas de uso, permitiendo y hasta favoreciendo la libre circulación.

En ocasiones podemos sentir que ciertos espacios –propios o ajenos– que resultan acogedores parecen estar vivos e irradian felicidad. Pero también nos hemos encontrado en medio de espacios desolados que nos afectan negativamente, transmitiéndonos tan sólo una sensación de pesimismo o de intranquilidad e inestabilidad. En ambos casos, tales estados de ánimo dependen del orden interno de los objetos contenidos en esos espacios, ya sea de su distribución o de las funciones para las que están destinados, o de sus características y condiciones estéticas particulares o de conjunto.

Los espacios pueden emitir vibraciones que se traducen en nosotros como estados de ánimo a través de la percepción de emociones. Y la posibilidad de que esa conexión anímica entre el espacio y nosotros se produzca depende del ordenamiento o la disposición estética de las paredes, pisos, techos y demás elementos arquitectónicos.

Las emisiones del espacio afectan no solamente a quienes lo habitan, sino también a quienes lo frecuentan o visitan. Por eso, al igual que una vivienda, un negocio debidamente acondicionado, programado en cada una de sus áreas energéticas, ejercerá una influencia positiva tanto en su propietario como en sus clientes, quienes representan su principal posibilidad de progreso y crecimiento.

Los cinco elementos de la naturaleza

La tradición oriental considera que todo lo existente, nuestro organismo incluido, está compuesto por cinco elementos básicos: la madera, la tierra, el metal, el fuego y el agua. La proporción de cada uno de ellos configura la consistencia física de los objetos inanimados, así como la consistencia temperamental, mental y emotiva de los seres humanos.

La leyenda

La primera distribución de estas cinco formas de energías es atribuida al sabio chino Fu-Hsi hacia el año 3000 a.C. Se cuenta que, meditando a las orillas de un río, vio emerger una tortuga de las aguas, sobre cuyo caparazón advirtió ocho juegos de líneas perfectamente dispuestos, y bajo un trance de inspiración las asoció con el contenido y el orden del universo. El viejo sabio intuyó que tan perfecta composición podía representar también todos los aspectos de la naturaleza y sus diferentes manifestaciones: el cielo, la tierra, el fuego, el trueno, el agua, la montaña, el lago y el viento. Posteriormente, la tradición llamó trigramas a los ocho juegos de líneas de la tortuga.

Los trigramas del I'Ching. Combinado cada uno de ellos con todos los demás, incluso, consigo mismo, se obtienen los 64 hexagramas adivinatorios de El libro de los cambios.

Los hexagramas son, pues, conjuntos de seis líneas cada uno, poseedores de una intrincada y simbólica significación oracular. La interpretación de estos hexagramas, transmitida en forma oral a través de los tiempos, es lo que se conoce con el nombre de I'Ching, tradición que luego, con la aparición de la escritura, fue recogida en forma de texto. Desde entonces, el I'Ching ha sido divulgado como *El libro de los cambios*.

El nuevo mapa

Más tarde, hacia el año 1000 a.C., otros sabios chinos realizaron una interpretación que intentaba ser más acorde con la vida terrenal del hombre. Estos maestros basaban su nueva lectura en el hecho de que el hombre, a diferencia de los otros seres sometidos al orden general y perfecto del universo, tiene la posibilidad de hacer valer su voluntad individual a la hora de decidir y realizar sus acciones. La energía que movía esas acciones debía seguir, entonces, otro orden de conducción.

Estas consideraciones los llevaron a cambiar la colocación original de los trigramas y a realizar un nuevo mapa. Fue así como crearon una segunda secuencia interpretativa del orden del universo que reflejaba al hombre concreto y a su entorno, colocándolo en el centro de los ocho trigramas, donde se representa al planeta que habita. Esta es la razón por la que el elemento tierra, es decir, el hombre y su condición física orgánica (salud), pasó a ocupar el centro del nuevo orden cósmico-telúrico.

Áreas energéticas de la vida

A partir de entonces, se le asignó un significado específico a cada uno de esos ocho trigramas, según la cantidad de líneas cerradas o abiertas que contienen y a la ubicación interna de estas líneas. Estos significados son simbólicos y sus interpretaciones se corresponden con ocho aspectos fundamentales de la vida en los cuales interviene la *energía vital*. Así, los trigramas se relacionan con el conjunto de todas las situaciones de la persona en los órdenes de lo social, la familia, los afectos, la creatividad, el trabajo, las finanzas, la comunicación, los viajes y la salud.

Estas áreas son consideradas como reflejos de la energía que interactúa con los espacios de la vida cotidiana. Es por ello que la tradición china secciona esos espacios de acuerdo con las distintas formas de manifestación de la energía, estableciendo así correspondencias energéticas entre determinados ámbitos y las áreas específicas de actividad de sus usuarios. De esta manera, a cada sector del espacio le fue asignada una función vital. Esta serie de correspondencias energéticas fue establecida como una ley natural, según la cual cada actividad debía relacionarse con un tipo de energía diferente, proveniente de una fuente única común a la que se denomina *energía vital.*

Transformaciones energéticas

Entre todos los elementos se establecen relaciones energéticas de conversión que permiten la producción, generación, modificación o control de unos a partir de los otros. Este proceso se cumple de acuerdo con un orden específico de conversión o transformación energética. En la práctica, la canalización de tales transformaciones depende de la adecuada utilización de los recursos según su constitución material, su apariencia exterior, las propiedades de los colores, las texturas, etc. Todas estas características que le atribuimos a los objetos en realidad son propias de los cinco elementos que componen todo lo existente. Este es un dato a tener siempre en cuenta porque las relaciones energéticas de conversión se usan para destacar o anular el efecto de algún elemento, según las necesidades del espacio donde se trabaja.

Supongamos que a la hora de realizar una decoración nos encontramos con una zona en la que se requiere realzar la presencia del elemento *fuego* y que lo hacemos utilizando un objeto de color rojo que domine ese segmento del espacio. Lo indicado en este caso es acercar a este objeto otro en el cual predomine el elemento *madera*: un mueble, una mesa, una planta de tallos gruesos, o, simplemente, algún objeto de color marrón, propio y característico de este elemento.

Veamos otro ejemplo: una vasija de barro, *tierra*, resaltará también dentro de un ambiente fuego lo cual pudiera lograrse colocándola sobre una base roja o en un ambiente muy iluminado. Tanto el rojo como la luminosidad son características propias del elemento fuego. La relación energética en este caso es muy simple: la tierra apaga el fuego y, estando aquélla en presencia de éste, resaltará en forma predominante.

Interrelaciones constructivas

La madera	→	alimenta	→	el fuego.
El fuego	→	produce	→	la tierra (cenizas).
La tierra	→	genera	→	el metal (la piedra).
El metal	→	condensa	→	el agua.
El agua	→	nutre	→	la madera.

Interrelaciones destructivas

La tierra y el agua	→	apagan	→	el fuego.
El fuego, el agua	→	funde, oxida	→	el metal.
El metal, el fuego	→	corta, quema	→	la madera.
La madera y la tierra	→	absorben	→	el agua.
El metal, la madera	→	transforma, agota	→	la tierra.

El mapa Bagua

Cada trigrama es una forma específica de expresión de la energía cósmica y se corresponde con un tipo de actividad o condición humana particular. Cinco de los trigramas representan un elemento específico de la naturaleza, a su vez, cuatro de estos elementos corresponden a una determinada orientación magnética cardinal: al agua, el Norte; al fuego, el Sur; a la madera, el Este y al metal el Oeste. A la zona central del trigrama le corresponde el elemento tierra.

Los ocho pares que conforman las correspondencias entre elementos y puntos cardinales junto con la zona de la tierra, constituyen nueve sectores que se distribuyen dentro de una cuadrícula de igual cantidad de espacios. Los espacios periféricos de la cuadrícula representan los ocho trigramas básicos que sirvieron de base para desarrollar *El libro de los cambios.*

Obtención del mapa Bagua a partir de la Escuela de la Forma

1. Se traza, coincidente con la pared donde se encuentra la puerta principal de entrada del espacio, la *línea Norte*.

2. A partir de la línea Norte, se traza la línea Sur, superponiéndola a la pared más lejana a la primera.

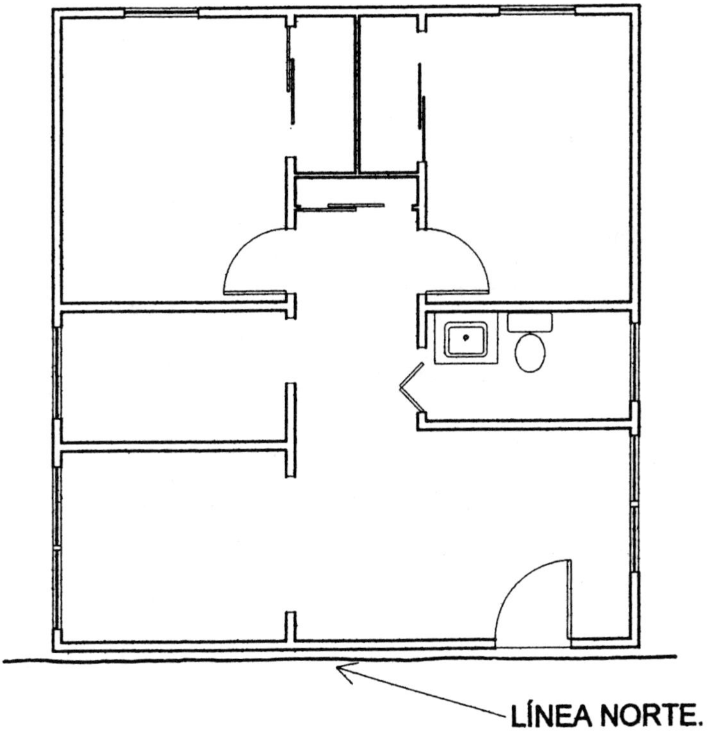

La línea Norte *coincide con la pared donde se encuentra la puerta principal de entrada.*

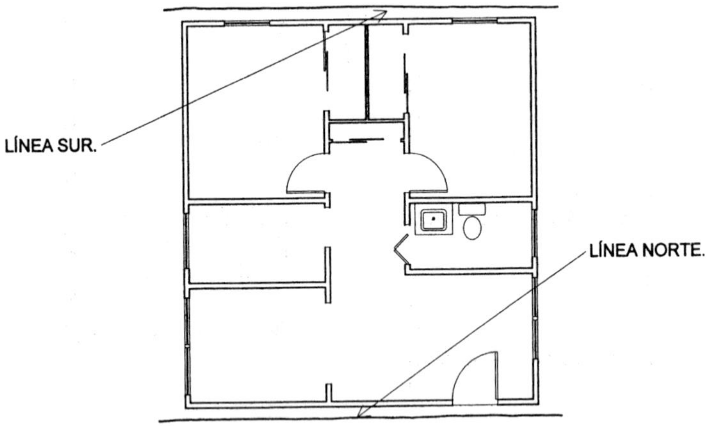

La línea Sur, *coincide con la pared más distante a la de la puerta de entrada.*

El mapa Bagua
Distribución de las áreas energéticas de los espacios

FINANZAS *Colores*: azul y morado. *Atmósfera*: Densa, serena. Masculina.	**FAMA, REPUTACIÓN** Fuego *Colores*: diferentes tonalidades de rojos brillantes. *Atmósfera*: luminosa, con luz directa.	**RELACIONES, AMOR, MATRIMONIO** *Colores*: rojos diluidos, rosados densos, pasteles. Lila. *Atmósfera*: juvenil, femenina.
FAMILIA, CULTURA Madera *Colores*: tonalidades de verdes y azules. Marrones. *Atmósfera*: primaveral.	**SALUD** Tierra *Colores*: terrosos, amarillos y ocres. Marrones. *Atmósfera*: cálida, tenue, otoñal, terrosa.	**PROYECTOS, HIJOS** Metal *Color*: blanco. *Atmósfera*: fría, rígida, severa, escueta.
CONOCIMIENTOS, SABER. ÍDOLOS Y MAESTROS *Colores*: negro, morado, azul, verde intenso. *Atmósfera*: serena, inspira recogimiento, aromáticas.	**TRABAJO, NEGOCIOS, VIAJES** Agua *Colores*: negro y tonalidades oscuras, densas. *Atmósfera*: sombría, húmeda.	**BENEFACTORES, AMIGOS, ASESORES, AYUDANTES** *Colores*: grises, blancos y negros. *Atmósfera*: despejada, limpia, clara, luz indirecta.

Un sector *o* área energética *es una casilla formada por la intercepción de una línea y una columna. El* sector de los conocimientos, *por ejemplo, resulta de la intercepción de la primera columna con la tercera línea horizontal; el de las* finanzas, *de la intercepción de la primera columna con la primera línea.*

3. Se trazan, posteriormente, las líneas Este y Oeste, coincidentes con las paredes perpendiculares y extremas a las Norte y Sur.

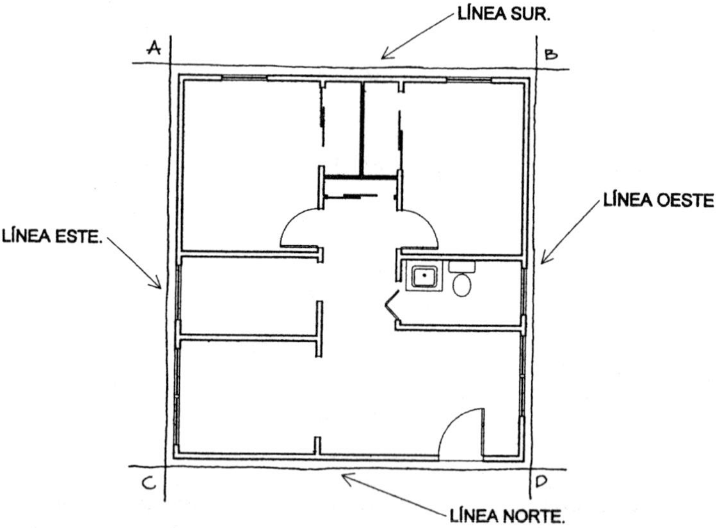

Con las líneas Este *y* Oeste, *queda definido el rectángulo ABCD.*

4. Se dividen las líneas del rectángulo en tres partes iguales.

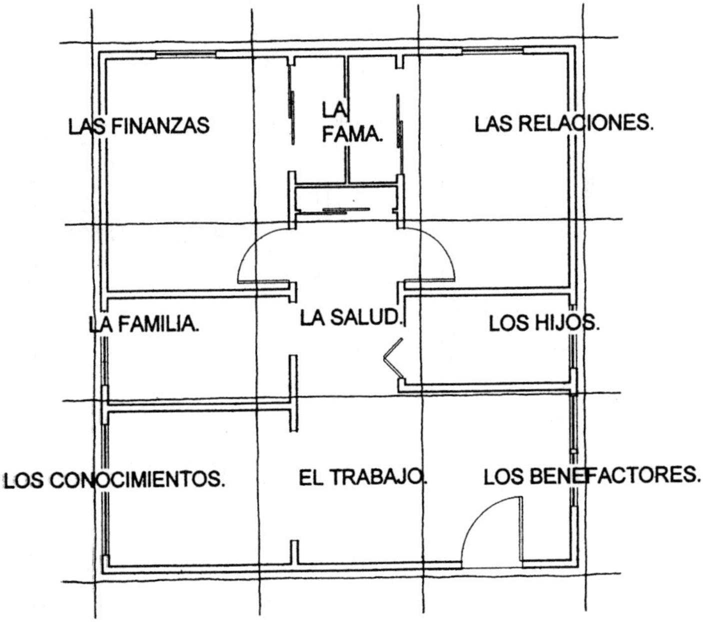

El mapa Bagua es una retícula de nueve partes o áreas iguales.

Consideraciones para definir la línea Norte

En el momento de definir la línea Norte, deben tenerse en consideración los siguientes aspectos:

Cuando existen rejas de seguridad colocadas antes de la puerta de entrada, siempre y cuando exista un espacio entre ambas, será la pared que contenga esta reja la considerada para trazar sobre ella la línea Norte.

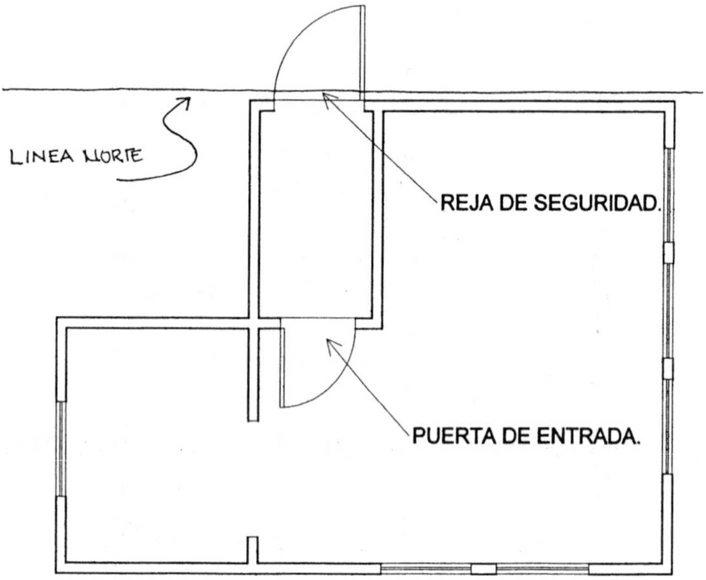

Este apartamento posee un pasillo anterior a la puerta principal. La reja de seguridad constituye la puerta principal de entrada.

En las casas con jardines, es la puerta o reja por la cual se entra desde la calle la que se considera como puerta principal. En el caso de que, además de la puerta o reja del jardín, existiera otra adicional para entrada de vehículos, habría que determinar cuál de las puertas existentes es la prioritaria. En el caso de que sólo se ingrese a la vivienda en automóvil, será la puerta del garaje la que goce de esta condición.

Este problema queda subsanado en muchos casos cuando ambas puertas, la de entrada peatonal y la vehicular, coinciden en una misma línea, la cual será considerada como Norte, por lo que la distribución de áreas energéticas, independientemente de cuál sea la puerta principal de entrada, será siempre la misma.

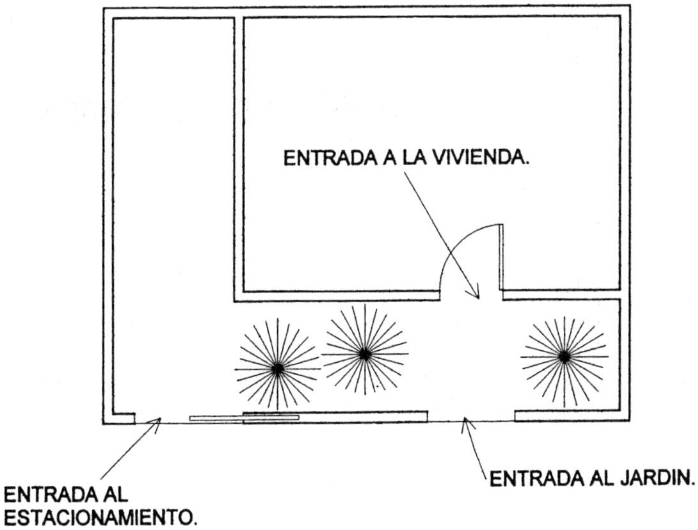

El jardín de esta vivienda posee aparte de la puerta peatonal de entrada, la del garaje. Ambas se encuentran en una misma línea, por lo que la distribución energética será la misma, independientemente de cuál de las dos sea considerada como puerta principal de entrada.

Cuando la pared de la puerta principal de entrada no sea la más extrema de la vivienda, vista desde el exterior del espacio, se traza la línea Norte sobre la pared paralela a ella que, en efecto lo sea.

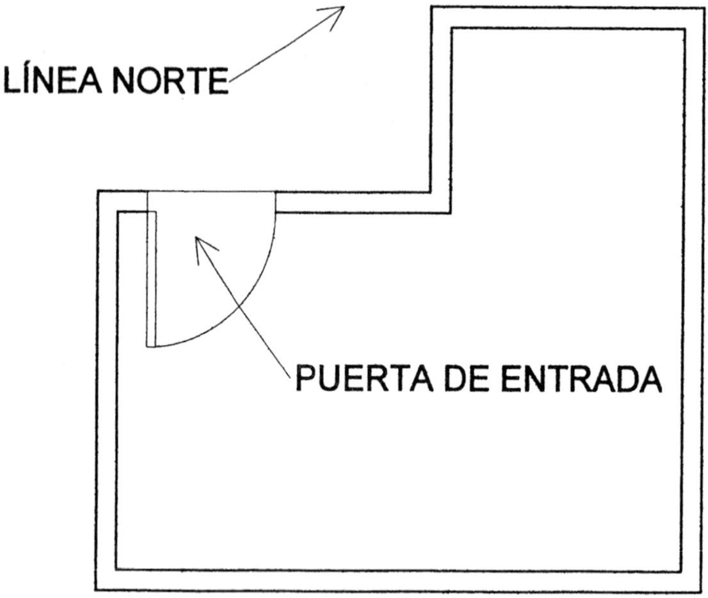

Colocándose en el interior de la vivienda, de frente a la puerta principal de entrada, la línea Norte se hace coincidir con la pared más distante a ella.

Cuando un espacio posee más de una puerta de entrada, tal y como ocurre en algunos locales comerciales, hay que determinar cuál de ellas goza de mayor uso. Esta será considerada la puerta principal.

Si todas las puertas se encuentran sobre una misma pared, el sector Norte será siempre el mismo, pero si las puertas de entrada están ubicadas en paredes diferentes, la distribución energética variará de acuerdo a la ubicación de la puerta que se considere como principal.

Esta determinación debe realizarse por tanteo, es decir, luego de analizar las diferentes opciones energéticas que arroja cada una de las puertas de entrada. Deberán compararse los resultados obtenidos a partir de cada una de ellas y verificar las coincidencias de funcionamiento energético del espacio.

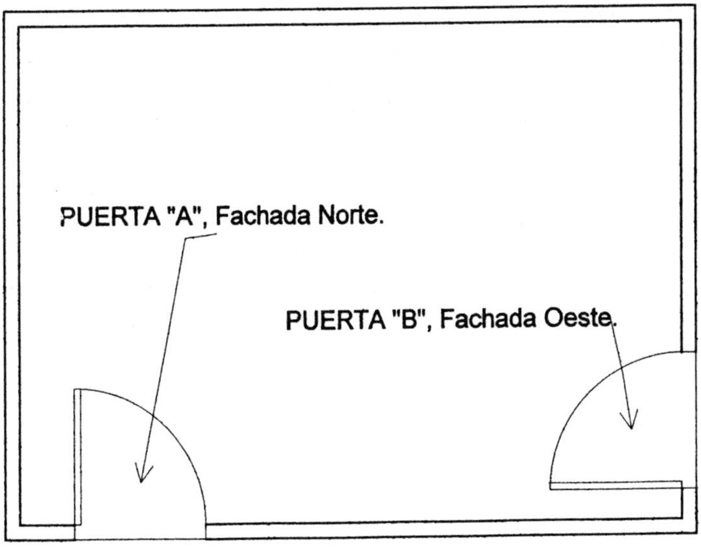

Cada una de las dos puertas de entrada a este local comercial arroja una distribución de áreas energéticas diferente. Las coincidencias de cada una de ellas con la problemática real del espacio especificarán cuál de las dos deberá considerarse en forma definitiva como puerta principal, para los efectos analíticos del Feng-Shui.

Espacios con perímetros irregulares

Hay espacios cuyos perímetros externos resultan difíciles de representar a través de un rectángulo, dada la irregularidad en cuanto a perpendicularidad de las líneas que lo conforman. Estos casos son problemáticos a la hora de delinear un mapa Bagua satisfactorio.

La experiencia de trabajo en muchos casos de esta naturaleza ha permitido comprobar que el mapa Bagua obtenido a partir de las proyecciones horizontales y verticales de las líneas del perímetro externo satisface todas las necesidades de cálculo energético. Para ello deben proyectarse horizontal y verticalmente sobre el plano de la vivienda las líneas que representan las paredes externas. La proyección horizontal y vertical de la pared que contiene la puerta de entrada será, como en todos los casos anteriores, la que definirá la *línea Norte* del mapa Bagua.

Aunque es muy frecuente en los linderos de los terrenos de las viviendas rurales encontrar límites periféricos curvos, también se hallan en viviendas urbanas. En estos casos, y de igual manera que en el anterior, se obtiene sobre el dibujo representativo de la vivienda la proyección horizontal o vertical de las paredes externas o de los linderos periféricos.

Serán estas nuevas líneas las consideradas para determinar las que formarán el rectángulo sobre el cual se obtendrá el mapa Bagua, o la distribución de las áreas energéticas.

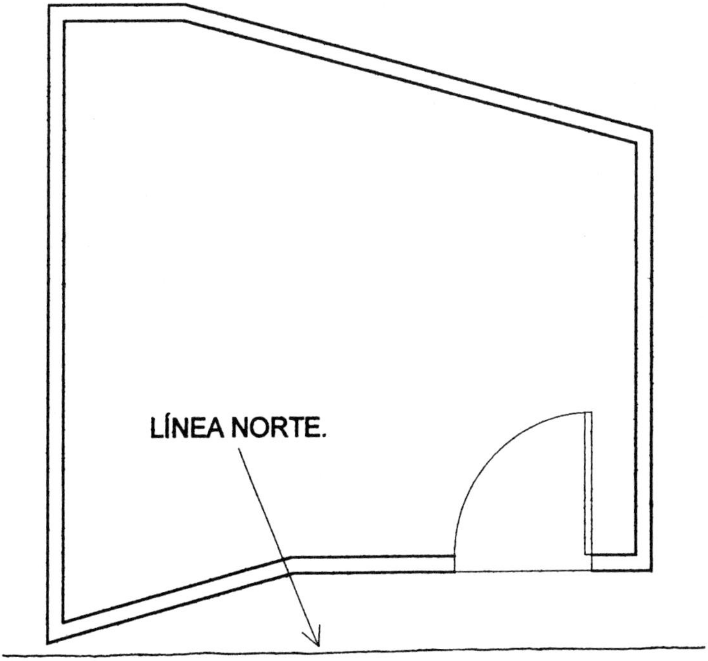

La línea Norte se hizo coincidir con la proyección horizontal de la pared donde se encuentra la puerta principal de entrada.

Principio de la decoración interior

Tanto las ocho áreas periféricas del mapa Bagua –representadas por los trigramas– como el área central que resulta de la confluencia de las anteriores, poseen características propias de color y textura, y otras de carácter sensorial y vital. El Feng-Shui orienta su práctica hacia la reproducción de esas propiedades en el espacio, ya sea mediante la construcción o la decoración de ambientes. Para ello se recurre al uso de materiales que reproduzcan los atributos de los distintos elementos.

Así, por ejemplo, una simple fotografía de un bosque podrá representar la madera en el sector donde este elemento sea requerido. La sola sugerencia de un elemento, aun a través de una imitación o un símbolo, basta para representarlo en cualquier lugar del espacio, de allí que en la práctica del Feng-Shui esté permitido el uso de componentes sintéticos o recursos artificiales.

Ubicación de los muebles y objetos decorativos

Para que la colocación de los objetos en la decoración interior de una vivienda o de cualquier otro espacio resulte eficaz en todo lo referente a la distribución y flujo de la *energía vital,* éstos deberán estar hechos, parcial o totalmente, de materiales que posean o simbolicen las cualidades de los elementos requeridos por el área donde serán colocados.

En el segmento *agua*, por ejemplo, resultará conveniente la colocación de objetos de color negro, plantas acuáticas, fuentes y peceras. Los árboles y plantas de bonsai, o en miniatura, resultan muy adecuados en el sector *madera*, así como cualquier objeto o mueble fabricado con este material. En el segmento *fuego*, los elementos decorativos deben ser brillantes y luminosos; es una excelente ubicación para las ventanas o las entradas de luz, para el uso de candelabros o para la colocación de placas conmemorativas, trofeos y fotografías de éxito y esplendor. También las fotografías o posters de las luminarias cinematográficas o musicales encuentran en este sector una excelente ubicación. En una casa ésta es la sección de *la fama* y es el mejor lugar para la colocación de fotografías que registren a algún miembro de la familia recibiendo un premio u otro reconocimiento.

Combinación de colores y texturas

Una excelente manera de combinar los elementos, los colores y las texturas de los objetos decorativos es hacerlo de acuerdo con las relaciones de destrucción y alimentación que se establecen entre unos y otros. De esta manera, si se desea contrarrestar la presencia de un determinado elemento en un segmento específico, deben utilizarse objetos fabricados con el elemento que lo anule. Y, a la inversa, si lo que se quiere es resaltarlo, se utilizarán objetos fabricados con el elemento que lo fomente.

Pensemos en la relación destructiva agua-fuego. Un recurso de *agua*, que bien podría ser el color negro o una textura suave y sinuosa, anula la abundancia de los recursos de *fuego* en una habitación o vivienda con exceso de luz solar o con abundantes colores rojos y luminosos, del mismo modo como estos últimos recursos decorativos o ambientales, anularían otros que estuvieran hechos de *madera* o que tengan la apariencia de este material. Pero una relación destructiva también puede canalizarse para resaltar un elemento. Por ejemplo: una pecera (agua) resaltará en un ambiente muy iluminado (fuego).

Pensemos ahora en la relación constructiva fuego-madera. La madera de una cabaña podrá resaltarse en toda su cálida capacidad de protección y resguardo con la presencia del fuego de una chimenea. Cojines blancos o implementos de metal resaltarán sobre muebles construidos en madera, o pintados con el color que la representa: el marrón.

Segunda parte
La energía vital

Cómo circula la *energía vital*

Existe la creencia de que la *energía vital* entra a un espacio por la puerta principal y luego de recorrerlo en su totalidad sale por ese mismo lugar. Pero ese recorrido puede verse alterado: la energía puede detenerse, acumularse o estancarse en algún sector del espacio, escapar hacia el exterior a través de puertas auxiliares, ventanas, ductos de ventilación, desagües y cañerías. Sin embargo, resulta más apropiado suponer que la energía está siempre presente en un espacio, aun en ausencia de personas, y se activa cuando es ocupado o utilizado por alguien.

Es un hecho difícil de comprender que las plantas, los animales y hasta los objetos inanimados puedan carecer de esta energía en nuestra ausencia, pero sucede que la *energía vital* sólo se manifiesta en la medida en que interactuamos con nuestro entorno a través de la *activación energética*.

La activación energética consiste en la conexión que se establece entre un espacio y las personas que entran en él, ya sea para habitarlo o para trabajar. Es como si al entrar a un espacio encendiéramos la luz que lo ilumina energéticamente. Por esta razón se supone que al pasar por la puerta principal de entrada se hace posible esta conexión energética.

Anclas emocionales

Dentro de un espacio pueden producirse circunstancias energéticas altamente perjudiciales, las *anclas emocionales* son una de ellas y son provocadas por objetos que representan circunstancias desagradables o de fracaso. Tal es el caso de las fotografías de acontecimientos y de momentos de la vida que tuvieron desenlaces catastróficos o lamentables, así como las cartas y otros efectos que recuerdan situaciones similares.

Es importante evitar la presencia de todas las cosas que produzcan este tipo de afecciones emotivas, si es posible, hay que deshacerse de ellas, o en todo caso, si se trata de artículos utilitarios, donarlos a alguien que en verdad los necesite y pueda sacarles provecho.

Muchas veces, las anclas emocionales son causadas por cosas a las que se les atribuye un enorme valor sentimental, pero suele ocurrir que ese valor no radica más que en el borroso recuerdo de una situación pasada, que más que alegría nos produce nostalgia y hasta pesar o dolor. De igual manera, los recuerdos de situaciones del pasado, registradas en fotografías, *souvenirs*, u objetos que pertenecieron a personas que ya no están cercanas, hay que dejarlos a un lado, y no estancar, en su recuerdo, la energía necesaria para que la vida fluya con fuerza creadora hacia el futuro.

Pero así como a las influencias negativas hay que mantenerlas a raya, las cosas que nos recuerdan momentos placenteros o satisfactorios, es conveniente tenerlas a la vista, procurando que ocupen un lugar donde puedan ser revisados u observados con regularidad. Deben formar parte de la vida cotidiana, siempre y cuando su presencia no impida la posibilidad de nuevos enlaces y relaciones.

Aristas asesinas

La otra circunstancia energética perjudicial a tener en cuenta es la de las *flechas del mal*, representadas por todas las aristas y puntas presentes en los objetos físicos que conforman la arquitectura y la decoración de los espacios; tanto en vigas y columnas del sistema estructural de la vivienda, como en los muebles, los gabinetes, las mesas, etc. Todas las puntas y aristas de estos muebles -en especial las que pueden ser tropezadas- entrañan peligros –reales y virtuales– para las personas que habitan y usan el espacio. En general esta situación de peligro es inherente a los objetos tridimensionales cuyos diseños ofrecen formas rectilíneas, incluidos los artículos deportivos domésticos.

Lo ideal es sustituir los objetos angulosos de perfil rectilíneo por aquellos de contornos redondeados. Pero a veces no resulta conveniente, por ejemplo, el uso de mesas redondas, ante lo cual se recomienda usar cualquier diseño rectangular cuyas puntas hayan sido cortadas. Y si esta solución no es posible, debe evitarse que las aristas de los muebles, principalmente las puntas de las mesas, queden dirigidas hacia un lugar previsto para la ubicación o circulación del usuario regular de una cama, sillón, mecedora, o silla para comer, escribir o trabajar, o hacia cualquier otro sitio donde se realicen funciones cotidianas o prolongadas.

Consejos para orientar adecuadamente los muebles

La mesa del comedor

En primer lugar, la mesa del comedor no debe representar un estorbo para la libre circulación de la gente. Con las sillas la situación es más compleja porque de acuerdo con el Feng-Shui, éstas deben estar orientadas hacia la puerta de entrada al comedor, pero en la práctica es imposible que al colocar las sillas alrededor de la mesa todas queden orientadas de esta manera. Lo recomendable es tomar decisiones determinantes sobre quiénes ocuparán las sillas que miran hacia la entrada del comedor, procurándoles a quienes ocupen las otras sillas una adecuada visión en esa dirección a través de espejos convenientemente dispuestos.

Los puestos principales tradicionalmente están reservados a las personas de más edad o para las que posean mayor rango o autoridad en ellas. En todas las culturas, normalmente esta distribución es asignada en forma natural, como un acuerdo tácito entre los miembros de las comunidades o núcleos familiares. Incluso si nos ubicamos en contextos públicos, como un restaurante, por ejemplo, notaremos que tenemos la tendencia a elegir la silla que nos permita ver tanto la entrada de personas al recinto, como su circulación en el interior del mismo. Y este puesto sólo lo cedemos a otra persona como señal de alta cortesía. Como lo indicábamos arriba, el uso de espejos en el comedor, logrará que las personas que ocupen las posiciones no orientadas hacia la puerta de entrada o hacia las ventanas, puedan observar estas extensiones visuales del espacio, con lo cual se logra una integración más armónica entre los comensales.

Escritorios y mesas de computación

Un trabajador medio puede llegar a pasar hasta 80% de su tiempo útil frente a una computadora. Este tipo de rutina suele generar fuertes tensiones y dolores musculares que muchas veces son causados, sin que la gente lo sepa, por la incomodidad que se siente al no poder ver directamente el acceso a su área de trabajo o la circulación de las otras personas. La solución indicada es orientar la silla hacia la puerta de entrada a la oficina, pero la silla que se usa para trabajar en la computadora suele emplearse también para otras tareas de escritorio, sin que sea posible orientarla en la misma dirección en ambas circunstancias. En este caso resulta muy útil colocar espejos detrás de la computadora.

Obstaculizadores y succionadores de la energía vital

Los obstaculizadores son todos aquellos elementos arquitectónicos o de mobiliario que impiden el libre flujo de la energía dentro de un espacio. La *succión energética* es un principio físico mediante el cual la *energía vital* es obligada a fluir en una determinada dirección, a veces a mayor velocidad de la normal o distinta a la esperada, con el riesgo de que vaya a parar al espacio exterior. Los succionadores son aquellos conductos a través de los cuales se produce este fenómeno. Un ejemplo claro son las puertas alineadas entre sí o con ventanas: la *energía vital* entra por una de ellas y es arrastrada en la dirección en la que se encuentra la otra, para finalmente salir en forma precipitada.

Los extractores externos de la energía vital

Son elementos físicos, a veces orgánicos, que se encuentran en el exterior del espacio y poseen una gran fuerza de absorción energética, pues la requieren y usan para su crecimiento particular.

Entre los extractores externos de la *energía vital* se encuentran los organismos que requieren de ésta para su proceso de transformación, como son los árboles, los pozos sépticos de viviendas rurales, las piscinas sin uso, los hoyos de diferente naturaleza, los botaderos de basura, los ríos y todo tipo de corrientes de agua y de cuerpos orgánicos.

El Feng-Shui contempla diversos medios para retener esas energías en el interior de un espacio. Bajo la óptica del Feng-Shui todos se basan en el uso de elementos de freno o reconducción energética. Estos elementos tienen la capacidad de dinamizar la *energía vital*; posibilitan su circulación dentro del espacio evitando que se detenga o se acumule en estos puntos de succión y consumo energético.

Un caso especial lo representan todos los centros de concentración humana que requieren y exigen energía para desarrollar sus procesos de sanación física o espiritual, categoría en la cual se encuentran los centros de oración, los templos, los hospitales, las cárceles, las funerarias y cementerios, siempre y cuando se encuentren dentro de la horizontalidad requerida para percibir, por cualquier vía sensorial, lo que ocurre dentro de ellos.

Calles y vías de acceso a la vivienda

Las calles y avenidas que circundan la vivienda revisten especial importancia. Las curvas de cualquier naturaleza (puede tratarse también de un río) que se alejan de una vivienda no sólo se llevan consigo la energía que sale de ésta, sino que aceleran el proceso de extracción de esa energía.

Un gran número de analistas de Feng-Shui consideran que el sendero entre la calle y la puerta a la vivienda no está incluido en el interior del espacio, sin embargo, sí lo está. Y ya que pertenece a la vivienda, hay que considerarlo de la misma manera como se consideran los pasillos interiores.

Los senderos de acceso a la casa deben ser proporcionalmente anchos, preferiblemente curvos o sinuosos y deben ensancharse en el extremo próximo a la puerta de entrada, así la *energía vital* puede fluir y entrar al espacio en forma suave y mesurada.

Las calles rectas que se dirigen directamente hacia la vivienda en forma perpendicular ofrecen un ingreso energético violento y poco saludable.

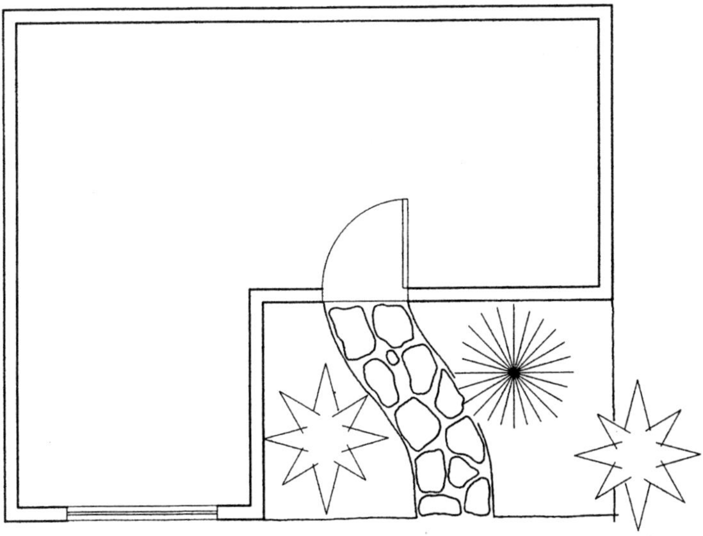

*El sendero del jardín pertenece al espacio interior de la casa. La e*nergía vital
deberá circular suavemente hasta el interior de la vivienda.

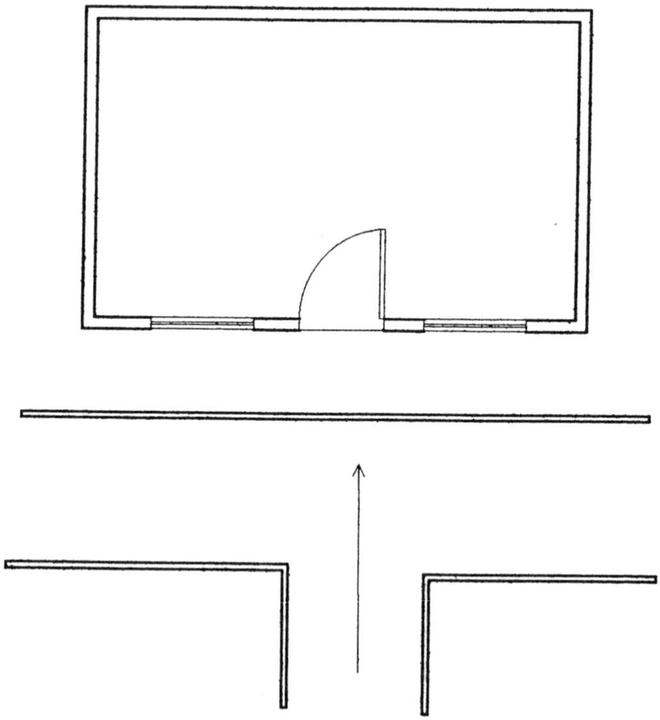

La calle se dirige en forma recta hacia la vivienda. Le energía entra violentamente a ella. Un espejo o una placa brillante en la puerta de entrada provocará que esa energía entre en forma mitigada, y sólo cuando se haga uso de la puerta principal de entrada.

Los ríos, calles o avenidas próximos a una vivienda, llamados *cauces peatonales*, afectarán tan sólo a los habitantes de ésta, en la misma medida en que sus cauces o sendas atraviesen algún vacío de esa vivienda.

En el caso de una vivienda múltiple, como ocurre con los edificios, afectará a todos los habitantes de las viviendas que componen ese complejo habitacional.

Los cauces peatonales, fluviales o automotores resultan nocivos si se encuentran dentro de un vacío *del espacio.*

Ventanas

Junto con las puertas, principales y auxiliares, de entrada o acceso al interior de un espacio, las ventanas y otros recursos de igual naturaleza, de aireación e iluminación, constituyen los elementos arquitectónicos de mayor poder de extracción energética.

De no encontrar algún recurso que desvíe su rumbo, la *energía vital* se irá hacia el exterior del espacio. Esta situación se agudiza si en la misma dirección en que circula la energía hacia la ventana, en el sector externo del espacio, se encuentra algún elemento extractor que la puede utilizar para su propio consumo.

Una curva muy pronunciada próxima a la vivienda impide que la energía pueda entrar en ella con facilidad, aparte de que el conducto, peatonal, vehicular, o hasta acuático, arrastra la *energía vital* interna de la vivienda hacia el exterior, por lo que hay que evitar que ésta salga a través de los vacíos o ventanas.

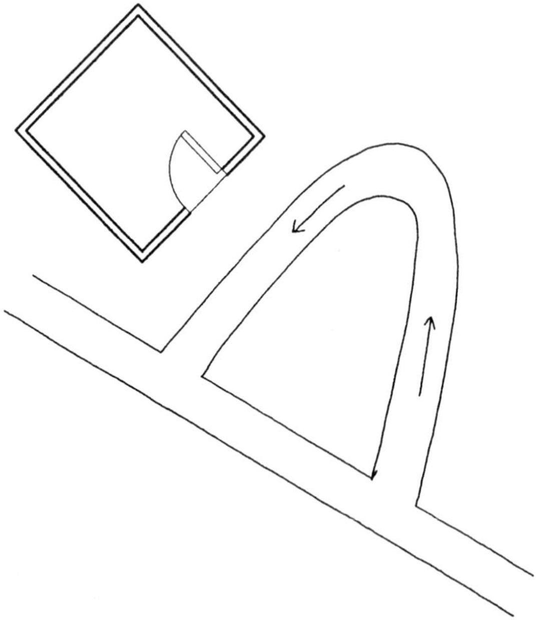

La energía, succionada por el efecto sifón *de la curva de la calle, es arrastrada a lo largo de ella, impidiendo que entre a la vivienda.*

Vacíos y extensiones

Existen espacios en los que, aun siendo perpendiculares las líneas de su perímetro externo, éste no es estrictamente rectangular, por lo que se generan, dentro del mapa Bagua que se obtiene de ellos, áreas que no pertenecen al espacio real, es decir que aun perteneciendo al mapa Bagua se encuentran fuera del espacio del inmueble. Estos se denominan *vacíos* y constituyen grandes extractores energéticos.

Bajo ciertas condiciones, en lugar de vacíos, se consideran *extensiones* los segmentos interiores del espacio que generan también algún tipo de conflicto energético.

Sin embargo, bajo el punto de vista práctico, y contrario a algunos criterios teóricos, resulta más conveniente dejar de considerar en los análisis de Feng-Shui las extensiones y tomar tan sólo en cuenta los vacíos correspondientes. Al resolver estos vacíos bajo una óptica sanadora, se estarán resolviendo también los posibles problemas que pudiesen causar las extensiones correspondientes.

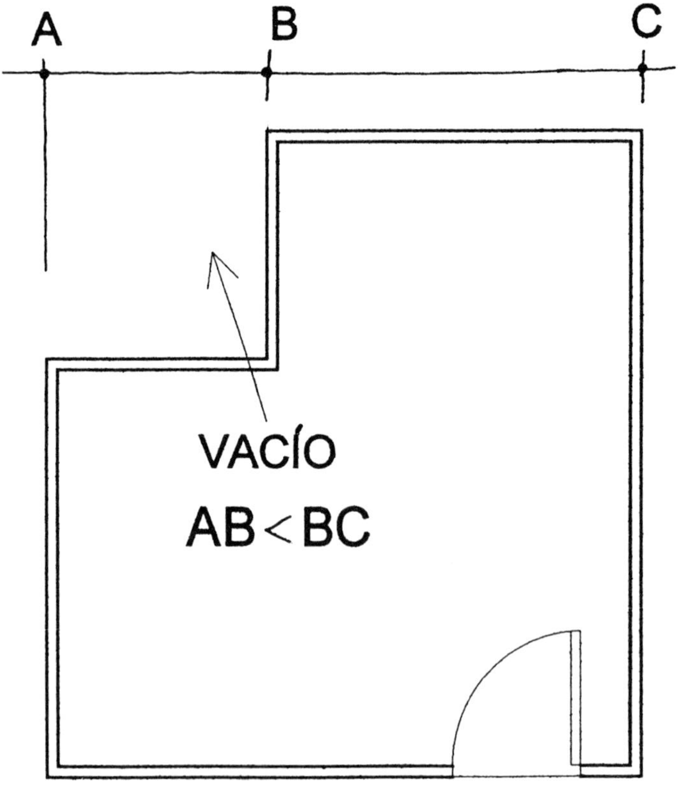

Vacío. La longitud del segmento AB es menor que la del BC. Vigas.

La permanente presencia de sus aristas horizontales cortantes genera con el tiempo dolencias, enfocadas hacia los órganos de las personas que realizan algún tipo de actividad en esa dirección. Esta impresión es proporcional al ancho de la viga y a la altura del piso a la cual se encuentra. Puede eliminarse el aspecto de cuchilla o de guillotina que poseen, al desviar de ellas la atención visual.

Son consideradas de manera muy especial durante los procesos de sanación del Feng-Shui, y la solución, antes de cubrirlas, será la de colocar los muebles en una dirección donde ninguna de las aristas de la viga lo apunten.

Columnas

En el caso de las columnas, estas *flechas del mal* son verticales y tienen un efecto igualmente perturbador. En torno de las que tienen perímetro cuadrado, se crean torbellinos de energía estancada. Por esta razón, se prefiere la utilización de columnas redondas, las cuales, aparte de permitir el libre desplazamiento energético, no presentan las cuatro aristas amenazantes, propias de las cuadradas.

Un caso similar al de las aristas de las columnas lo representan las de las paredes que integran los vacíos arquitectónicos.

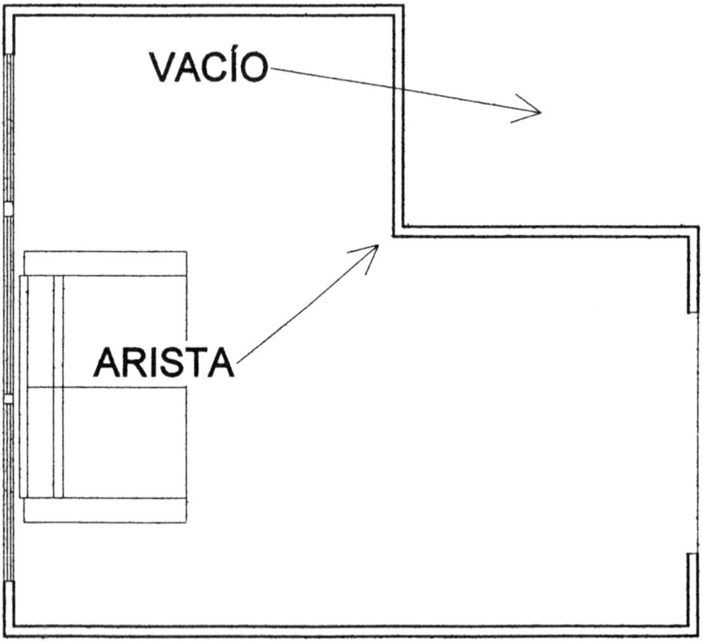

Los vacíos, *aparte de la succión energética, ofrecen un peligro adicional: las aristas formadas por la intercepción de las dos paredes. En este caso, apuntan directamente hacia el sofá.*

Baños

Los baños, por razones higiénicas, son tan importantes para una vivienda como negativos para el mantenimiento de la *energía vital* dentro de ella. Están provistos de sumideros de aguas en los lavamanos, bidés, inodoros y duchas, a través de los cuales, con las aguas de desecho, se escapa también la *energía vital*. Se compensan a veces con el uso de plantas, cristales y espejos. Cuando se usan varios espejos, enfrentados o paralelos, práctica demasiado frecuente, puede generarse turbulencia energética entre ellos.

La sala de baño debe ser un espacio agradable, fresco, provisto de recursos energéticos muy poderosos, y los espejos representan los más importantes de todos. Se instalan en el exterior de las puertas para que la energía se refleje en ellos y no logre entrar o lo haga en forma moderada. Resulta conveniente que la puerta del baño permanezca siempre cerrada, las ventanas protegidas con cristales tallados y las tapas de los inodoros cerradas mientras el agua fluye hacia el sistema de cañerías.

Cocinas

En estos espacios, destinados al procesamiento de los alimentos, se conjugan simultáneamente los cinco elementos constitutivos de la naturaleza, puede ocurrir entonces que los recursos, utensilios, artefactos y sistemas existentes allí, bajo ciertas condiciones de ubicación, no armonicen entre sí o no consigan generar un ciclo evolutivo productivo entre ellos, anulando, por el contrario, sus respectivos efectos energéticos.

Se tiene en la cocina la presencia del elemento metal en todas las estructuras de los electrodomésticos, fuego en las llamas de las hornillas, agua en los fregaderos, lavaplatos y en los refrigeradores, madera en las mesas, gabinetes, tablas de cortar, tierra en utensilios de barro o en los motivos decorativos en los que este elemento es usado con frecuencia. Según la posición de la cocina en la vivienda, podrá analizarse cuál es en cada una en particular el elemento predominante, sin embargo, el sub-Bagua de esta área indicará la posición más adecuada de todos los implementos que le son propios.

Los muebles con recubrimientos sintéticos que simulan diferentes tipos de materiales representarán al elemento indicado por las texturas, acabados y colores de los mismos. Los hay que simulan madera, aunque siempre sus texturas, lisas y brillantes, indicarán simbólicamente la presencia del metal; el color del que están provistos representa al elemento del cual es propio ese color.

Viviendas de varias plantas

Luego de entrar a un espacio, la energía debe distribuirse en el interior en forma homogénea y llegar a cada una de sus áreas y rincones, sin detenerse en ninguno de ellos, luego, subir a los pisos superiores, si los hubiera, o descender a los inferiores, con una cadencia adecuada y serena. La entrada principal a los pisos superiores o inferiores, dentro de una misma vivienda, queda establecida por el último escalón que debe subirse, o bajarse, para alcanzarlos.

Aunque es la puerta del primer piso, o por la que se entra a la vivienda, la más importante de todas y la que señala en forma general sus áreas Bagua, no debe dejarse de considerar que cada uno de los pisos posee su propia distribución energética.

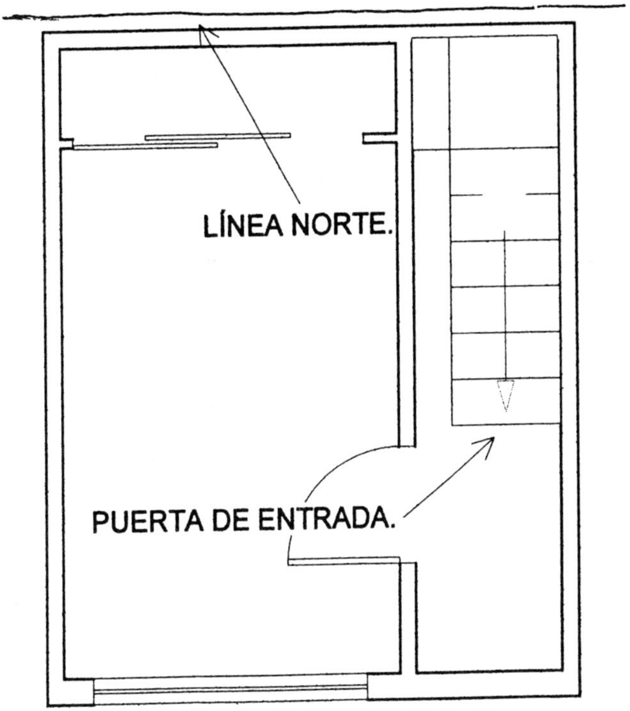

La puerta principal de entrada a un piso superior de una vivienda la constituye el último escalón por el cual se llega a él.

Diferentes ambientes dentro de un mismo espacio

Esta es quizás una de las características más generalizadas dentro de la arquitectura y decoración occidental. Es muy difícil encontrar alguna vivienda en la que, al menos, una de sus áreas no se utilice para dos y hasta más funciones diferentes. Generalizado es el caso del recibo-comedor, área de uso doble, a la que, poco a poco, se le ha ido sumando también la del estudio, la cocina y hasta, en casos extremos, la de alguna habitación.

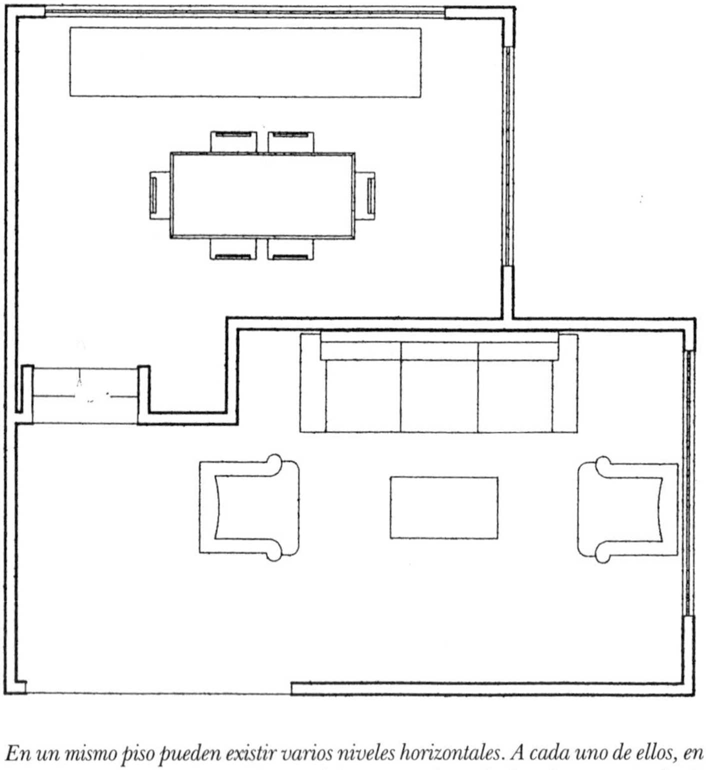

En un mismo piso pueden existir varios niveles horizontales. A cada uno de ellos, en el caso de que representen ambientes diferentes, podrá calculársele su propia distribución energética.

En estos casos debe existir la norma, aunque, por lo demás, no estricta, de que aunque el área total sea utilizada para varias funciones distintas, cada uno de los segmentos correspondientes del espacio total debe poseer sus propias características ambientales.

Tal vez se repita o mantenga, a lo largo de una pared común a estos ambientes, un color o algún elemento decorativo o de revestimiento, pero las zonas deben encontrarse perfectamente diferenciadas unas de las otras.

Puede utilizarse algún elemento divisorio, un biombo o una jardinera, por ejemplo, que le brinde servicio a ambos ambientes, pero estableciendo, en este caso, el uso genérico del recurso, es decir, haciéndolo actuar como si se tratase de una pared divisoria.

Cada una de las áreas que componen un espacio con recursos específicos suele estar provista de acuerdo con los usos y funciones particulares para las que están destinadas. La línea a partir de la cual el subespacio adquiere características estéticas o funcionales propias es la que se considera como línea Norte para el cálculo energético de esa área particular.

Escaleras interiores

Las escaleras por las que se sube o se baja a otros pisos de la vivienda, o de cualquier espacio, en general sólo representan un vacío para el último o más alto de ellos. En el o los pisos en los cuales la escalera puede verse horizontalmente ella representa un conducto útil vertical por medio del cual la energía asciende o desciende al nivel inmediato correspondiente. La línea Norte coincide con el final de la escalera, cuando ésta sea la única o la principal posibilidad de entrada a este espacio.

Ascensores

Resulta muy común en los apartamentos que no son cuadrados o rectangulares que algún vacío resultante coincida con las áreas de circulación del edificio en las que se encuentran las escaleras y ascensores de uso común. En algunos casos, aunque estos ascensores pueden poseer entrada privada al apartamento, no dejan de prestarle servicio al resto del edificio.

Tanto los ascensores como las escaleras pueden ser considerados como ríos o cañadas, calles, autopistas, es decir, conductos por donde circula una corriente física de algún elemento móvil, por el que también se escapa la energía que debe circular dentro de todas las áreas vivas o activas del espacio, para distribuirse dentro de ellos de una manera sana y productiva.

Viviendas multifamiliares

Aunque cada una de las casas que pertenecen a un complejo habitacional, compuesto de dos o más viviendas, posea su propia entrada principal independiente, algunas de estas puertas pueden coincidir en un área común, de uso colectivo. Esto también ocurre con los apartamentos próximos entre sí. Esta área común constituye un vacío para las viviendas involucradas.

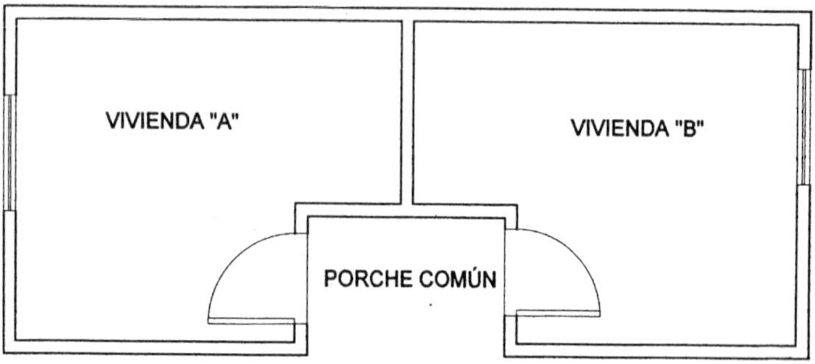

El porche común constituye un evidente vacío para ambas viviendas.

Solares y espacios exteriores

El espacio vital de una vivienda no sólo lo constituye lo que se encuentra bajo techo, sino también, las áreas externas, aunque estas últimas estén al aire libre o carezcan de rejas o muros protectores que los separen de los espacios de uso público.

A veces, algunos de estos espacios a la intemperie no cumplen alguna función útil y, en otras, han sido convertidos en depósitos de desperdicios o de materiales en descomposición. En tales casos, la energía fluye con dificultad a través de ellos o deja de hacerlo. Deben ser integrados y en lo posible usados, para que dentro de sus funciones regulares, de índole recreativa, ornamental o deportiva resulten útiles.

Todas estas áreas pueden techarse, total o parcialmente, y ser provistas de muebles confortables y resistentes al sol y a la lluvia, y también de un sistema de iluminación adecuado para que preferiblemente puedan ser vistos desde el interior del espacio.

Las jardineras próximas a algunas ventanas y balcones deben ser utilizadas para la función para la que fueron previstas, lucir algún tipo de vegetación y usar para ellas algún tipo de iluminación conveniente.

Tercera parte
Reubicación espacial

Sanación y decoración

El proceso de sanación se refiere a las modificaciones o aditamentos aplicados a un espacio con la intención de evitar que ciertas características en sus diseños se conviertan en factores de riesgo u obstáculo para que la energía deje de entrar o de circular en ellos con la debida capacidad vital.

Aunque en su mayoría los espacios presentan problemas en este sentido, todos sin excepción, pueden ser corregidos a fin de que pueda fortalecérseles la capacidad de flujo energético. La mayoría de las acciones emprendidas en esta dirección consisten tan sólo en simples incorporaciones de recursos decorativos, entre ellos, los más importantes, espejos, cristales tallados, plantas y sonajeros.

Luego de la aplicación de estos recursos sanadores, deben aplicarse las acciones de decoración, que consisten en cambios en los colores y reubicación del mobiliario y hasta cambios en algunas de sus formas externas. Todas estas acciones serán planificadas de manera que todo el conjunto de ellas conlleve la reordenación global del espacio, para crear ambientes armoniosos, serenos y equilibrados, acordes con el temperamento y personalidad de quienes lo habitan, por lo que –en este sentido, y esto debe tenerse como norma fundamental en la aplicación de todas las correspondientes al Feng-Shui– no tienen por qué complacer a la generalidad, sino principalmente, a quienes lo habitan o usan.

Tampoco debe seguir o amoldarse a una determinada corriente o moda de actualidad, sino estrictamente a las que estética y funcionalmente satisfagan las necesidades de los usuarios del espacio suele estar provista. Se busca un orden particular para la ubicación de los objetos, así como sus respectivas características estéticas, de uso o función, para que no sólo resulten placenteros, agradables y confortables, sino operativos y útiles para el logro de todas las metas propuestas.

Los muebles y objetos dentro de un espacio deben, en primer término, colocarse de forma que resulten fáciles de alcanzar y de usar y que además permitan el libre tránsito de las personas que lo habitan. En esa misma medida, la *energía vital*, antes de salir, recorrerá el espacio en su totalidad, a una velocidad moderada, identificándose plenamente con cada una de sus áreas energéticas.

Colocación y orientación de los muebles

Se realizará de acuerdo con las funciones para las que están destinados, tanto ellos como las áreas para las que están previstos.

En su orientación se cuidará que las aristas no queden orientadas hacia algún otro mueble que pueda ser utilizado por los habitantes o usuarios del espacio, y siempre con la posibilidad de que los usuarios puedan observar en forma directa todo lo que ocurre a su alrededor, en especial, las posibles entradas o salidas de otras personas al recinto.

Los muebles que conforman la decoración de un ambiente deben tener, de acuerdo con la práctica del Feng-Shui, una adecuada orientación sujeta al diseño arquitectónico de ese espacio, principalmente, a la ubicación de sus puertas y ventanas.

Camas

Es muy frecuente encontrar en las viviendas que las habitaciones, y en especial la principal, se encuentran en el sector más alejado de la puerta principal de entrada. No resulta difícil entender que las áreas previstas para el descanso y las actividades íntimas no deben estar sujetas a perturbaciones externas, además deben estar ubicadas en los sectores que ofrezcan mayor protección.

En este sentido, las camas también deben colocarse de manera que quienes las usen puedan ver los accesos a la habitación, es decir que quien duerma pueda ver directamente tanto la puerta de entrada a la habitación como las ventanas.

Sin embargo, hay una limitación en este sentido, y es que la puerta de entrada no debe quedar dirigida hacia los pies de la persona que hace uso de la cama, posición ésta con que –piensan los chinos y de allí viene esa creencia, aunque en occidente también se encuentra generalizada– colocan a los muertos para ser velados y luego trasladados al lugar donde serán sepultados.

En el caso de que no resulte posible orientar la cama de manera que la cabecera quede enfrentada a la puerta de entrada, puede usarse un espejo enfrente de la primera para que éste refleje la segunda hacia la o las personas que hacen uso de esa cama. Hay que cuidar también que dicho espejo no quede orientado directamente hacia los pies de ellas.

Esta extraña precaución de no colocar los espejos directamente dirigidos hacia los pies de la persona que hace uso de la cama se debe a la creencia de que el alma de la persona, al quedarse dormida, se desprende y comienza a deambular. Este proceso se interrumpirá si esa misma alma, al salir del cuerpo que la posee, se ve reflejada en el espejo.

Esta consideración es igualmente válida para los televisores y los cuadros enmarcados y protegidos por vidrios, los cuales tienen también la facultad de reflejar el ambiente.

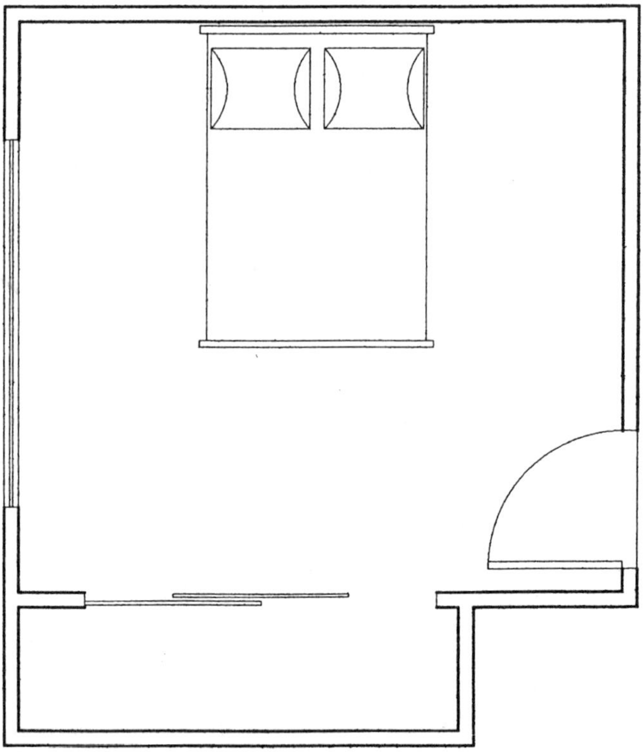

La cama debe estar orientada de manera que el que duerme pueda ver directamente la puerta de entrada a la habitación y si es posible también las ventanas.

Con respecto a las ventanas, éstas pueden quedar detrás de la cama, principalmente si la habitación, o la vivienda, queda en un piso elevado.

De acuerdo con esta misma consideración, y en cuanto a los muebles del salón, recibo y comedor, cuya colocación no permite que pueda verse la puerta de entrada, es conveniente también, en este caso, el uso estratégico de espejos de manera tal que quien los use pueda ver la puerta de entrada reflejada en ellos.

Áreas de circulación

Deben estar despejadas de muebles o cualquier recurso de mobiliario o decorativo, sobre todo si estos últimos presentan en sus formas vértices, puntas o aristas que puedan, eventualmente, representar algún peligro real o simbólico para quien circula dentro del espacio o hace uso de él.

Es frecuente encontrar en los pasillos de circulación de algunas viviendas y centros de trabajo la presencia de armarios y mesas ocupando un área sustancial de ellos. Esto dificulta tanto el libre acceso o circulación como el flujo positivo de la *energía vital*.

Armarios y gabinetes de cocina

Es necesario mantenerlos despejados, limpios y ordenados. En caso contrario, la *energía vital* encontrará freno para su flujo natural y terminará estancada en alguno de esos armarios atestados de ropa vieja, de libros, de facturas o de cualquier cosa de poco o ningún uso y que ya no cumple alguna función útil, a veces, de objetos viejos, rotos, ya sustituidos en el hogar o en la oficina por otros más efectivos o por unos que simplemente se encuentren en buen estado.

En los armarios y estantes sólo debe mantenerse guardado lo que tendrá en un futuro próximo una función útil o rentable.

Los gabinetes de cocina, principalmente los usados para el almacenamiento de víveres y comida enlatada, representan el fundamento de la sustentación alimentaria de los habitantes o usuarios del espacio, razón más que suficiente para pensar en la necesidad de mantenerlos en perfecto estado de higiene, libres de polvo y de insectos de cualquier naturaleza, tanto los aparentemente inofensivos como los de las familias de los comejenes, como los que, en efecto, constituyen peligro de picaduras.

También deben estar libres de humedad, para evitar la aparición de hongos y líquenes y estar siempre en posibilidad de poder guardar en su interior nuevas raciones de alimentos.

La nevera

Al igual que los refrigeradores y los congeladores, representan en el hogar, o en cualquier sitio donde se encuentren, el lugar en que se mantienen en reserva, resguardo y protección los bienes alimentarios de las personas que hacen uso de ese espacio. Por esta razón e igual que con los gabinetes de cocina, la nevera debe estar siempre en condiciones de perfecta higiene y libre de alimentos en mal estado.

Resulta muy útil y ornamental adherir imágenes y recordatorios, memorandos, recetas de cocina, recetas médicas y facturas en la puerta de la nevera. En este sentido, hay que establecer con exactitud cuál de estas imágenes o documentos corresponde al área energética en la cual se encuentra la cocina.

Pueden colocarse en ellas facturas a cancelar, pues estas facturas representan, al igual que los recibos de ingreso financiero, los testimonios de una economía fluida, y de la misma manera que los alimentos esperan el momento adecuado para ser ingeridos, las facturas por pagar también esperan por ser canceladas. No tienen por qué no estar adheridas a la puerta de la nevera mientras tanto, siempre y cuando se tenga en cuenta la intención de cancelarlas.

Recursos de ambientación y decoración de acuerdo con los elementos de la naturaleza

Aparte de los colores reglamentarios para cada una de las nueve zonas energéticas que poseen todos los espacios, pueden utilizarse en ellas, predominantemente, objetos construidos con los mismos materiales representativos de los elementos que les corresponden a cada una de ellas, así como objetos decorativos que los recuerden o simbolicen.

A veces existen dificultades, por resultar anacrónicos, desproporcionados o fuera de lugar, para ubicar algunos objetos alusivos a una determinada área vital, ya que, por razones de intimidad o de uso exclusivo y personal de esos objetos, no pueden ser colocados en algún sitio visible para los visitantes u otras personas que comparten ese espacio. En estos casos, es preferible prescindir de esos objetos y utilizar otros que simbolicen al elemento establecido para la zona energética. Por ejemplo, si quisiéramos colocar un elemento de madera (un estante) en el área de fuego del espacio, sería prudente que sobre él prevaleciera o se notara de forma determinante el color rojo, bien sea en las cubiertas de los libros o en algún objeto decorativo que se coloque en sus anaqueles. Es importante recordar que en las prácticas de Feng-Shui no importa la naturaleza misma de los materiales, sino la apariencia que estos representen a la vista.

En la primera línea del mapa Bagua, correspondiente al sector energético Sur, se encuentran las áreas de *las finanzas*, *la fama* y *las relaciones*. En el primero de ellos, el de *las finanzas*, siempre es recomendable la utilización de recursos ornamentales que tengan relación con la prosperidad, con el dinero y con el éxito financiero, bien en láminas en cuadros, en esculturas o figuras talladas de cualquier naturaleza. El agua de las fuentes y de las peceras siempre aporta buenos resultados en esta área.

Para el sector de *la fama* resulta conveniente cualquier

objeto relacionado con el éxito y la proyección pública y los logros profesionales, deportivos y escolares.

Para el sector de *las relaciones* resultan muy apropiados y útiles las parejas de animales, fotografías de los mejores momentos que se hayan vivido en pareja, el momento del enlace matrimonial o el de una muy romántica luna de miel. También cualquier objeto o gráfico relacionado con los vínculos comerciales.

En la segunda línea del mapa Bagua, correspondiente a los sectores Este y Oeste, se encuentran las áreas de *la familia, la salud* y *los hijos* o *los proyectos*. En este sentido, para el primero de ellos, resultan recomendables los cuadros de los antepasados, de los padres, de los hermanos, de los maestros consejeros y espirituales. Esta área es altamente recomendable para todos los objetos de índole religiosa.

Para el sector de *la salud*, en el centro de la segunda línea del mapa Bagua, aparte de los objetos o piezas artesanales fabricadas con tierra, cerámica o cualquier otro material natural, resultan muy útiles las láminas y cuadros con imágenes alusivas al vigor corporal, la capacidad física y el deporte.

Para el área de *los proyectos* y *los hijos*, todo lo que tenga relación con estos aspectos de la existencia, tal vez con el área de trabajo, de juego, o, incluso, las habitaciones, si la vivienda lo permite, de los hijos, los pizarrones en las oficinas, donde se cuelgan los gráficos y planos de los proyectos en preparación, los planos arquitectónicos, las recetas de cocina, las listas de actividades pendientes, los pedidos comerciales.

En la tercera línea, la de abajo, correspondiente al sector energético Norte, se encuentran las áreas de *los conocimientos, el trabajo* y *los benefactores*. El primero de ellos, resulta ideal para bibliotecas, estantes para libros, lugares de trabajo y de aprendizaje, para realizar las labores estudiantiles, para leer, ver televisión, establecer relaciones de intercambio de ideas, para enseñar o adquirir conocimientos de toda naturaleza.

A su lado, al centro de la línea Norte, se encuentra el área del *trabajo*, donde se podrá colocar cualquier imagen alusiva a los traslados, a las actividades cotidianas y a las actividades laborales. En este sector del espacio, el elemento agua es indispensable, por lo que una pecera resulta muy apropiada o cualquier recurso ornamental o decorativo que la tenga en movimiento, siempre y cuando el agua avance hacia el espacio, y no que se aleje de él, pues, en este último caso, estará arrastrando hacia el exterior sus posibilidades de éxito laboral y, desde luego, financiero.

Y, por último, el área de *los benefactores* y de *los vecinos*. Si quienes poseen negocios de atención directa al público tienen la suerte de que la puerta de entrada a su establecimiento se encuentre en este sector, ya tienen un buen trecho andado en su relación exitosa con sus principales benefactores, que son, a su vez, la razón por la que desarrollan su actividad comercial, los clientes o factibles compradores. Pero si no es ése el caso, con la colocación apropiada de espejos podrá trasladar a ese sector del espacio las imágenes de esos benefactores cuando hagan entrada al local.

De igual manera, será conveniente reflejar, con la intención de multiplicarlo, el producto financiero de la razón comercial de la presencia en el recinto de estos benefactores, es decir, el ingreso de dinero. Esto se logra con la colocación de espejos cercanos a las cajas registradoras de los comercios y en los sitios donde se maneja dinero, principalmente el que ingresa, aunque no hay que evitar, ocultar o reprimir el que sale, recordando que un flujo financiero próspero goza de abundantes entradas y de generosas inversiones.

Recursos y materiales discriminados por sectores energéticos

AGUA: sector Norte del Bagua: *el trabajo.*

Agua, peceras, fregaderos, lavaderos, refrigeradores, radiadores. Espejos, peces vivos, plantas acuáticas, plantas de hojas gruesas (jade, millonarias, sábilas), fuentes, láminas, óleos y litografías con motivos marinos, lagos, ríos, piscinas. Líneas blandas, curvas, onduladas, rizos, guirnaldas, drapeados, sedas, tafetanes, rasos, color negro y los densos y oscuros. Atmósfera densa, tonalidades variadas pero homogéneas, estilos arquitectónicos barrocos, de líneas suaves, indefinidas y entremezcladas. Sonidos suaves, a veces imperceptibles.

Objetos y ambientes apropiados para fomentar lo relacionado con el trabajo, los viajes, las relaciones de tipo comercial, especialmente, las laborales.

METAL: lado Oeste del Bagua: *los proyectos, los hijos.*

Metales y texturas brillantes, lisas, vidrios de sobremesa, automóviles, carrocerías, estructuras de las estufas de cocinar eléctricas o de gas, lavadoras, neveras, secadoras, líneas rectas, hirientes, filos, terminaciones en punta, elementos puntiagudos, superficies lisas y brillantes, colores blancos, relucientes, atmósferas luminosas, asoleadas, torrentes de todo tipo, principalmente lumínicos, líneas rectas y duras, cortinas y telas en general blancas, tiesas, nacaradas y de colores claros no matizados. Telas sintéticas, estilos arquitectónicos y decorativos modernos, carentes de curvas, rectos y filosos. Pirámides y objetos de poca flexibilidad, fríos al tacto y difíciles de flexionar.

Apropiados para todo lo relacionado con los proyectos, la creatividad, los hijos.

MADERA: lado Este del Bagua: *la familia.*

Muebles de madera, vieneses, paleta antigua, poca tapicería de tela o de cualquier otro material, si acaso cueros, los que, bajo la óptica conservacionista, deben ser evitados. Estilos decorativos rústicos, coloniales, gabinetes, repisas, motivos pictóricos de bosques. Árboles, vegetación espesa, selvática, pero no húmeda, pisos de madera, viguetas, leña, plantas, arbustos densos, colores verdes en tonos densos, tonalidades otoñales, en general.

Funciones relacionadas con la familia, las actividades manuales, artesanales, la costura, también para las cuestiones culturales, históricas, tradicionales, alimentarias, la comida, el folklore, las raíces, objetos religiosos.

FUEGO: lado Sur del Bagua: *la proyección y la fama.*

Llamas, hogueras, candelabros, velas, chimeneas y candeleros, en general, cocinas de gas, inciensarios, objetos de honor y triunfo, trofeos, medallas, diplomas, ídolos, fotografías de vencedores, triunfadores, deportistas, enfrentamientos, objetos y métodos militares, luminosidad, ambientes y atmósferas claras, lumínicas, calientes, más que cálidas. Colores rojos y tonalidades calientes.

Adecuados para espacios deportivos, de enfrentamientos, de búsquedas y ratificación del éxito y de la proyección pública, de logros financieros y conquistas amorosas, para generar y absorber una atmósfera de triunfo y éxito vital.

TIERRA: sector central del Bagua: *la salud.*

Tierra, piedras, ladrillos, cemento de diferentes colores o tonalidades, terracota. Plantas naturales, rastreras, de hojas gruesas, arbustos ligeros: ficus jóvenes, telas de tejidos naturales, algodones, sedas opacas, linos, lanas, alpaca, hilo. Cueros y pieles. Arcilla, ollas de arcillas, texturas corrugadas y arenosas. Sonidos naturales, percusión, flautas dulces, tambores, percusión en general, flautas y cualquier sonido que recuerde los ambientes étnicos.

Apropiados para actividades relacionadas con el equilibrio emocional y orgánico, para la salud, la armonización energética, para el descanso, la meditación, la práctica de deportes, tratamientos médicos o dietéticos, preparación de los alimentos y, en especial, para todo lo relacionado con la salud.

Esta área representa la síntesis de todas las demás, por lo que los elementos deben encontrarse en ella en equilibrio, con predominio tan sólo del elemento tierra en cualquiera de las diferentes formas en las que puede ser percibida sensorialmente.

Sectores derivados

Al igual que los sectores correspondientes a los cuatro puntos cardinales básicos, Norte, Sur, Este y Oeste, también deben considerarse las áreas ubicadas en los segmentos Noreste, Noroeste, Sureste y Suroeste. Estas áreas energéticas de los espacios –aunque, según los chinos, les corresponde una determinada manifestación natural– no poseen un elemento que les sea característico o propio. Algunos autores señalan razonablemente la conveniencia de extender hacia ellos el influjo de los elementos naturales de las áreas energéticas vecinas. Así, por ejemplo, en el segmento Noreste, próximo a los sectores Norte y Este, podrán utilizarse en él los elementos y aspectos simbólicos tanto del agua (Norte) como del metal (Este).

Aunque el sector central posee su propio elemento, la tierra, podrán extenderse hacia ese sector todos los demás elementos propios de las demás zonas energéticas.

Colores y texturas

Aplicar los colores o texturas predominantes en las áreas vitales de un espacio resulta muy útil para definir la razón energética de cada una de ellas. Por ejemplo, en el área del matrimonio o de *las relaciones*, se podrán utilizar telas en las cortinas y piezas de lencería de colores lila o rosados. En el área de *las finanzas*, azules intensos o morados, en el sector de *la familia*, tonalidades terrosas, tejidos naturales, tanto vegetales como animales: linos, algodones, lanas, alpacas, etc.

La utilización de tejidos animales podría resultar contraproducente ya que estos últimos representan una contundente posibilidad de movilización de la energía positiva del planeta, base fundamental para la existencia de dicha energía también en los espacios habitados por el hombre.

Los colores de la ropa de los ponentes

Independientemente de la razón por la cual debemos permanecer en un espacio, todas las influencias de este último deberán resultar armoniosas con el confort y posibilidad de concentración o dedicación para las actividades previstas.

Nuestra presencia podría no tener, en ciertas ocasiones, que ser particularmente notoria en ellos, pues lo que queremos es nutrirnos de lo que el ambiente nos transmite, pero en algunas otras, por el contrario, sí podríamos requerir canalizar la atención de otras personas sobre nuestra presencia o sobre la actividad que realizamos en ese momento, y es cuando resulta conveniente tomar en consideración, aparte de las acciones que realizamos, el atuendo que usamos y, entre otras características, sus colores y texturas.

En el primer caso, los colores que se supediten o sean consumidos por una determinada condición cromática ambiental provocarán que la presencia de quien los lleve no sea del todo notoria, tal y como ocurriría, por ejemplo, con una indumentaria de colores verdes o marrones (madera) dentro de un ambiente blanco (metal) o muy iluminado (fuego).

Por el contrario, un traje de color rojo (fuego) será particularmente notorio dentro de un ambiente blanco (metal), pero no lo será en espacios oscuros, de texturas suaves y onduladas (agua), condiciones que *apagarán* la luminosidad propia del color rojo.

Ventanas y extractores de aire

Las soluciones en este sentido se orientan hacia la posibilidad de contrarrestar las características de succión de *energía vital* que poseen. Las ventanas pueden ser provistas de plantas, cristales y otros recursos, como móviles, sonajeros, espejos o jaulas con pájaros vivos que permitan la posibilidad de que con sus movimientos, se generen fuerzas propulsoras de la energía hacia otros lugares del espacio.

Los espejos representan la solución mas frecuente en casi todos los casos de reconducción energética. En las paredes con ventanas su uso no resulta del todo posible y adecuado, es más determinante su uso sobre superficies enteras.

Puertas y ventanas alineadas

En la arquitectura occidental, a diferencia de la oriental, es muy frecuente en el diseño de los espacios interiores que, en cuanto a los requerimientos de circulación de aire y obtención y utilización de la luz externa, se aplique el criterio de forzar la ventilación, a partir de la alineación de puertas y ventanas, de manera tal que el aire entre a través de una puerta o ventana y, forzado por la succión que presentan las puertas o ventanas que se encuentran alineadas con ella, circule con relativa fuerza en su interior, pero, en la mayoría de estos casos, la energía no llega a circular dentro del espacio sino que sale en forma precipitada una vez que ha entrado en él.

Las lámparas de techo, móviles o sonajeros amortizan la velocidad de la energía y provocan que ésta se distribuya en forma pareja hacia las dos habitaciones cuyas puertas de entrada se encuentran alineadas.

Los mismos recursos pueden utilizarse en el caso de que la alineación de las puertas o ventanas existan dentro de una habitación. El mismo efecto puede lograrse con la colocación entre las dos puertas de algún biombo, de una jardinera, o de cualquier otro elemento decorativo que tenga por finalidad modificar el criterio estructural del espacio.

En el caso de ventanas, pueden usarse plantas o cualquier otro recurso para modular el flujo energético. Los cristales tallados resultan de suma utilidad en este sentido, pues no sólo logran desviar la energía interior, evitando su salida hacia el exterior del espacio, sino que infiltran energía del exterior, fragmentando la luz del sol que llega a ellos, convirtiéndola en una multitud de focos multicolores que flotan dentro del espacio, llenándolo de energía y vitalidad.

Pasillos

Mientras más estrecho es el pasillo, o más cercanas se encuentran entre sí las paredes que lo conforman, la *energía vital* circulará a lo largo de él con mayor velocidad. Por esta razón, las soluciones van dirigidas hacia la posibilidad de ensancharlo visualmente para provocar que la energía fluya dentro de él con una velocidad más moderada.

Pueden utilizarse, con este fin, uno o varios espejos colocados sobre las paredes laterales del pasillo, dependiendo la cantidad de ellos de la longitud que éste tenga. Es importante evitar que los espejos queden enfrentados entre sí.

Con el uso de lamparas de techo también puede lograrse este efecto, principalmente las que logran descomponer la luz de la bombilla, por efecto de las formas o del tipo de material del que están confeccionadas sus pantallas protectoras y de su reflejo sobre el techo y las paredes laterales del pasillo.

Resulta útil el uso de cuadros con motivos propios de la zona energética donde se encuentra el pasillo. Paisajes campestres para la zona de tierra y marinas para la de agua. Si el pasillo se encuentra, como es frecuente, en la zona central de la vivienda, formando parte del área de la salud, los motivos deportivos, de vigor físico, o temas que involucren lo más saludable y vivo de la naturaleza resultan contundentemente efectivas.

La sola aplicación sobre las paredes del pasillo de algún color adecuado a la zona energética resulta muy útil para la canalización de la *energía vital*.

Los cuadros colgados en los pasillos deben gozar de cierta distancia para que puedan ser observados en su totalidad. En el caso de no existir esta distancia, la figura y el cuadro mismo que la contiene resultarán inútiles en sus efectos sanadores. En algunos casos, hasta podrían resultar contrarios a lo esperado.

En el caso ya analizado en el que las puertas de las habitaciones se encuentren en una misma posición transversal del pasillo, es decir, una enfrente de otra, debe evitarse el denominado *efecto de alineación*, colgando un móvil o cualquier otro objeto del techo entre las dos puertas. Una parte de la energía entrará a las habitaciones y otra parte de ella continuará su rumbo a lo largo del pasillo.

Rincones

Situación similar presentan las intercepciones, cóncavas y convexas, de las paredes. Los recodos originados en el primer caso retienen la energía del espacio de la misma forma como los recodos en las riberas lo hacen con las aguas de los ríos que llegan hasta ellos.

Es conveniente mantener en estos rincones algún elemento que posea movilidad o sonoridad. Sobre alguna de las dos paredes involucradas en el recodo podría colgarse un reloj de péndulo. En este caso se disfrutará de una doble acción sanadora, la móvil del péndulo y la sonora que se produce cuando el reloj marca las horas.

En los casos en que las condiciones de ventilación lo permitan, pueden colocarse pajareras con pájaros vivos o procurar su acceso desde el exterior de la vivienda.

Los espacios en forma de "L" presentan adicionalmente el inconveniente del vacío exterior que forma la intercepción de dos de sus paredes, el de la arista interior que se genera por esta misma razón de diseño. Esta situación se presenta también en los que tienen forma de "T", en los que en lugar de un vacío se forman dos.

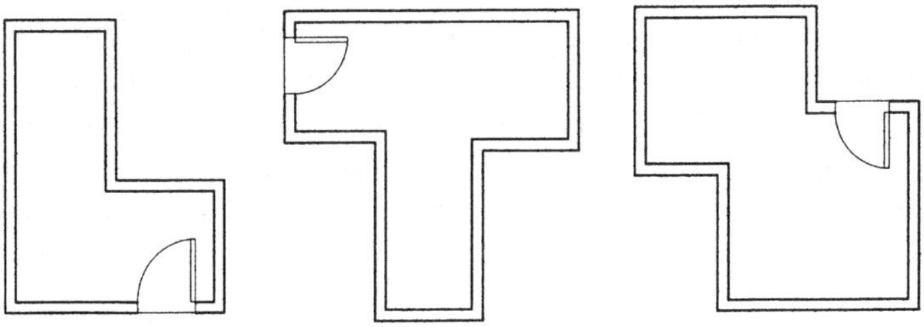

La arquitectura occidental utiliza diferentes formas de distribución interior de sus espacios.

Es conveniente que cada uno de los dos segmentos resultantes de esa división espacial sea utilizado para funciones distintas y autónomas, uno para comer, por ejemplo, mientras el otro para oficina o recibo, espacio para juegos, para estudio, descanso, etc. En el caso de oficinas, uno de ellos podría ser utilizado como recepción y el otro como sala de espera o de reuniones.

Una manera adecuada de definir áreas diferentes dentro de la totalidad del espacio es procurar y aplicar los recursos de decoración, como cambio de color, de materiales del acabado o del revestimiento, o con el uso de divisores de ambientes, tales como biombos y gabinetes, de manera que cada segmento de ese espacio irregular posea una particularidad y definición ambiental propia.

Solares y corrales

En los casos de solares abandonados, luego de limpiarlos convenientemente y despojarlos de plantas inútiles o secas, podrá sembrárseles otras de mayor realce y belleza, agregarles fuentes, piedras de gran tamaño, esculturas, parrilleras, muebles de jardín o cubrirlos parcial o totalmente y darles, en definitiva, un uso más funcional, todo con la finalidad de convertirlos en espacios útiles.

Resulta conveniente iluminarlos con luces potentes colocadas en los árboles, si los hubiera, o en postes especialmente instalados para ese fin. Dentro de los espacios poco iluminados la energía no circula debidamente. Estos focos luminosos pueden instalarse en las paredes de la vivienda, y siempre dentro del mismo sector que se desea iluminar.

Vacíos

La articulación arquitectónica en las construcciones habitacionales múltiples, tales como los edificios de apartamentos o las casas dúples, obliga a los diseñadores a dejar vacíos comunes a las viviendas involucradas.

Se busca *llenarlos* virtualmente a través del reflejo de algún segmento del espacio interior de la vivienda a través del uso de espejos y otras superficies reflectoras colocadas sobre las paredes que conforman el vacío. Estos espejos pueden estar incorporados a consolas y gabinetes. Los cuadros montados en vidrio y los retratos sobre mesas, también recubiertos de vidrio, permitirán el reflejo virtual de alguna zona interior de la vivienda hacia el espacio exterior, donde se encuentra el vacío.

Jardines colindantes con vacíos

Los *vacíos* en los jardines pueden solucionarse con la siembra de plantas en el interior del espacio, que extiendan sus ramas hacia el exterior del espacio. Para el uso de este recurso en el área del vacío, no se requiere que existan rejas o muros periféricos en ella.

Las plantas pertenecientes a las familias de las buganvillas, principalmente las trinitarias, resultan muy fáciles de sembrar y de mantener. Sus ramas largas, siempre provistas de abundantes flores y la facilidad para conseguirlas en una gran variedad de colores, seleccionados de acuerdo con la zona de la vivienda donde se encuentre el vacío considerado, se extenderán hacia las zonas externas del espacio, llenando con su exuberancia y esplendor los vacíos existentes.

Debe cuidarse en todos los casos que las ramas de las plantas usadas no se extiendan más allá del vacío mismo que se quiere llenar con ellas, pues, en este caso, el efecto será contraproducente, ya que se estará enviando la *energía vital* hacia el espacio exterior.

Los objetos, muebles y elementos decorativos

Despejado el ambiente de objetos inútiles o en mal estado, resulta conveniente analizar las obstrucciones del flujo energético y la carencia de los recursos adecuados para que la energía fluya convenientemente. No sólo los objetos visibles deben poseer características energéticas propias del sector o área adonde la energía llegue durante su recorrido, también los objetos que no se ven, pero que ocupan un lugar en el interior de los gabinetes, de los armarios, los closets o incluso del refrigerador, deben gozar de una finalidad particular.

Pareciera, bajo el punto de vista de la horizontalidad sensorial que estos objetos y enseres al estar dentro de un armario, es decir, fuera aparentemente del alcance de la vista, no ejercen alguna influencia en el ambiente, pero no es así, un armario, con o sin puertas, pertenece a la totalidad del espacio, cosas viejas, inservibles, materiales en descomposición y alimentos en mal estado se convierten en retenedores de energía negativa.

Espejos

De todos los tamaños y formas, estos utensilios reciben energía y la reflejan enviándola o distribuyéndola hacia otros sectores del espacio. También son usados, colocados en la parte exterior de la puerta de entrada, para rechazar cualquier energía negativa que llegue hasta ellos.

Los espejos amplían visualmente los espacios angostos y estrechos, reflejando los objetos, vistas y paisajes que se encuentran fuera del espacio considerado.

Colocado sobre una de las paredes de un pasillo, se logrará que visualmente éste se ensanche, generando un ducto más cómodo y amplio para el flujo de la *energía vital.*

Logran desviar el flujo energético que tiende a ser expulsado hacia el exterior del espacio. En un punto de acceso múltiple, reflejan la energía que reciben y la distribuyen o envían hacia otras direcciones del espacio.

Su uso resulta fundamental en el caso de los vacíos, pues lo llenan en forma virtual, trasladando sobre esa área externa, alguna correspondiente al espacio interior.

También en el caso de puertas que abren hacia una pared, en lugar de hacerlo hacia el espacio extendido, con la colocación de espejos sobre esa pared hacia la cual abre la puerta, se logra que quienes entren, puedan tener ante sus ojos la vista completa, reflejada, de todo el espacio al cual desean ingresar.

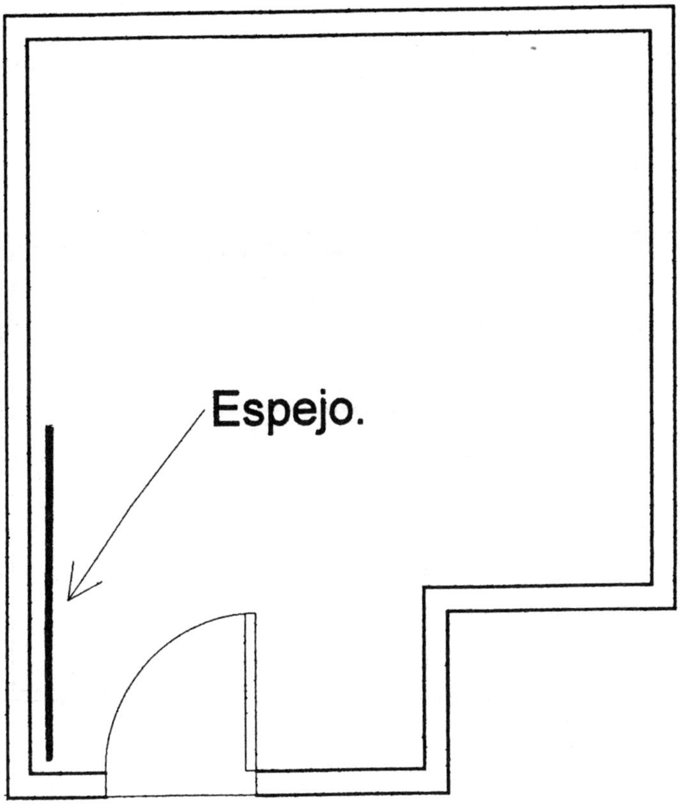

La puerta abre hacia la pared, en lugar de hacerlo hacia el espacio.

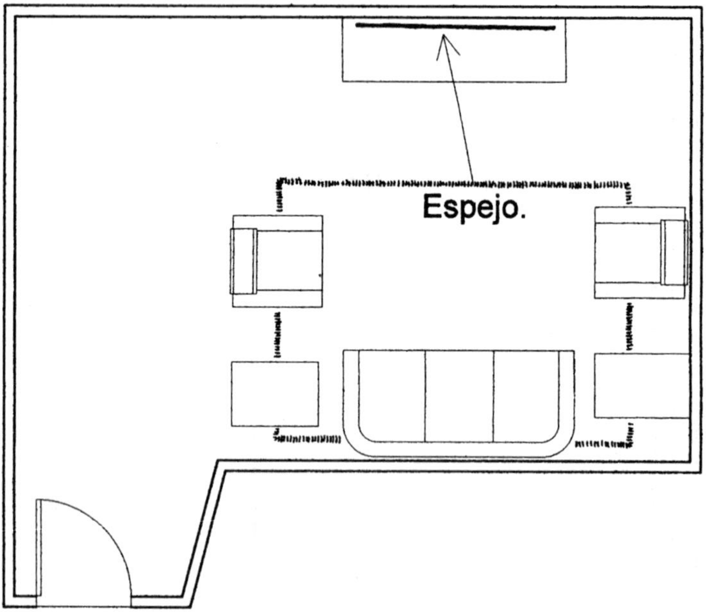

Los espejos instalados enfrente del sofá permitirán que quienes se sienten en él puedan ver a los que utilicen la puerta de entrada.

Cuando, por alguna circunstancia de ubicación, quienes deben hacer uso de los muebles de un espacio, sillas, camas, mesas, escritorios, queden imposibilitados de poder ver la puerta de entrada, la colocación estratégica de los espejos enfrente de esos muebles corregirá esta anomalía, que ciertamente crea algún tipo de incomodidad y perturbación.

Espejos enfrentados

El uso de espejos enfrentados resulta altamente perjudicial. Los infinitos reflejos consecutivos de uno frente al otro originan que la energía no pueda fluir libremente en el sector donde ellos se encuentran sino que permanezca allí, formando una especie de torbellino energético.

La entrada de un lujoso edificio residencial estaba adornada con dos enormes espejos horizontales, colocados sobre las dos paredes paralelas del pasillo. Ninguna de las familias residentes del edificio con las que se estableció contacto pudo superar algún tipo de problemas que presentaban hasta poco tiempo después de haber sido eliminados los espejos. Su retiro no se debió, por cierto, a ningún análisis en cuanto a técnicas de Feng-Shui que se hiciera del edificio, sino a una consideración colectiva de cambiar la decoración general. Luego de efectuados estos cambios, la mayoría de los habitantes del edificio lograron más prosperidad de la que poseían, otros lograron recuperar la que habían perdido al mudarse a este edificio.

Es muy frecuente el uso en las salas de baño de espejos enfrentados, principalmente en los gabinetes del lavamanos. Sin embargo, las luces superiores con las que vienen provistos propician la circulación de la energía, pues impiden la creación de torbellinos energéticos y su estancamiento en el área de los espejos.

Traslado virtual de recursos y elementos sanadores

A través de los espejos puede trasladarse de un lugar a otro un recurso o elemento sanador que sea requerido en otra zona del espacio. Una jardinera que posea en abundancia el recurso energético *tierra*, *madera* y *agua*, no ubicada en las zonas energética correspondientes a estos elementos, podrá ser reflejada en las que sí lo sean. En estos casos, hay que prever la colocación y orientación de los espejos en la zona hacia la cual se desea trasladar esos recursos sanadores.

Espejos en la cocina

Los familiares y amigos de confianza se detienen en la cocina para compartir con mayor sentido de intimidad, es el área social por excelencia. En las viviendas de pueblos y aldeas, la cocina es el lugar donde se recibe al peregrino y se le da de comer al visitante de paso, donde se procesa el fundamento principal de la existencia.

La cocina se asocia con el centro mismo del núcleo familiar y social, y muchas agrupaciones la han tenido como eje principal de su condición tribal. Las viviendas, en muchas culturas se construyen en torno a ella, son la asociación más directa y cercana que tenemos con el país de origen, con la familia, con la madre y en definitiva con las raíces que nos son propias y autóctonas. Esta es la razón por la cual es el centro no sólo geográfico de la vivienda natural del hombre, sino también de su condición afectiva y emocional y por la cual representa su constitución orgánica y su salud.

No es fortuito, entonces, que muchas culturas coloquen la cocina en el centro mismo de los espacios que habitan.

De lograrse esta posición, la cocina ocuparía dentro del mapa Bagua, el sector energético de la salud, relacionado con la tierra y con todas las implicaciones de este elemento, con la etnia, con el país, con la historia y, en especial, con los valores culturales más arraigados en el inconsciente individual y colectivo.

Sin embargo, de no hallarse la cocina en el centro de la vivienda, no causa ningún problema, siempre y cuando puedan relacionarse los objetos de ella con los elementos correspondientes al sector donde se encuentre. Ya dentro de ella, con el uso de espejos, pueden trasladarse de un lugar a otro las imágenes de los materiales de los que están fabricados los utensilios y electrodomésticos.

Específicamente, usados estos espejos detrás de las hornillas, reproducen los alimentos que se procesan, generando una mayor presencia de ellos en la vivienda.

El fuego, por ejemplo, de las hornillas, el agua de los grifos, la madera de los gabinetes, el metal de las estructuras y la tierra de los utensilios e ingredientes, pueden verse reflejados en otros lugares distintos a los que ocupan con sólo instalar espejos en estos otros lugares, donde se requiera el elemento de acuerdo a la distribución energética particular del espacio.

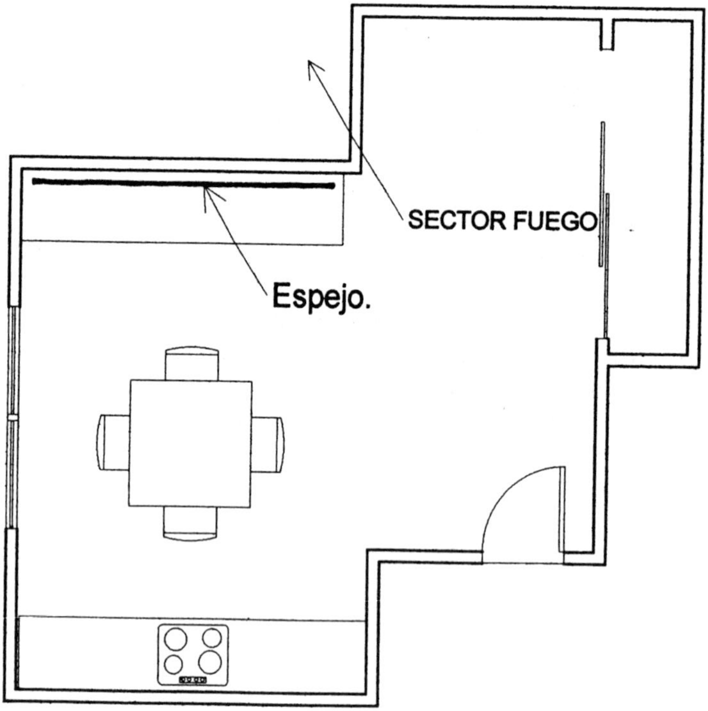

El espejo no sólo llena todo el vacío existente en la parte trasera del inmueble, sino que, además, lleva el elemento fuego de las hornillas al sector de la vivienda que le correspondía de acuerdo con la distribución energética.

Cocinando de espaldas a la puerta

Así como es factible orientar algunos muebles de la vivienda u oficina, tales como camas, mesas de comer o de escribir, de manera que acostados en las primeras o sentado detrás de las segundas, pueda verse con facilidad la puerta de entrada, no ocurre lo mismo con las hornillas de la cocina.

Muy pocas veces encontraremos cocinas en las que las personas que las usan puedan estar de frente a la puerta de entrada a la cocina. La instalación de espejos detrás de las hornillas aporta una solución adicional a la de reflejar los alimentos y multiplicarlos visualmente, la persona que cocina podrá ver lo que ocurre a sus espaldas, mientras los prepara.

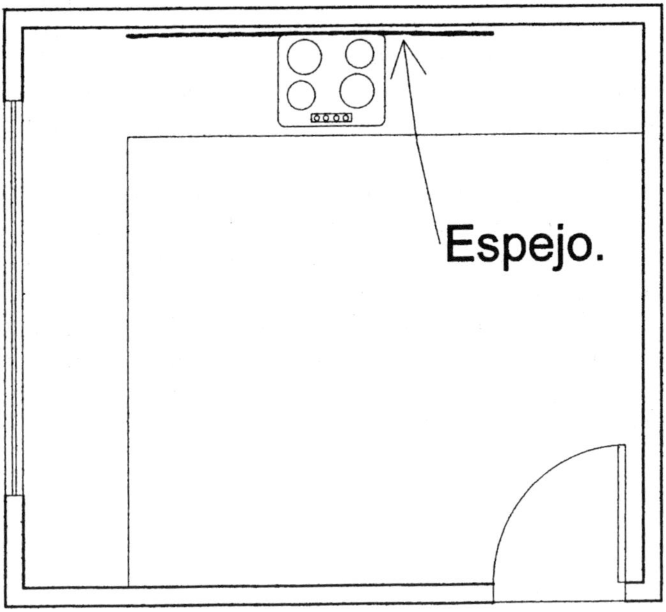

El espejo colocado detrás de las hornillas facilita a quien cocina tener dominio visual de la puerta de entrada, a sus espaldas.

Espejos en la oficina

Una pared completa cubierta de espejos le aportará a la oficina la posibilidad de lucir más amplia y extensa de lo que es, de dar una mayor sensación de prosperidad y triunfo y de generar un sentimiento de cuidado en sus usuarios, pues, estos imaginan que son observados permanentemente, y se esmerarán en mantener ordenados tanto sus ámbitos particulares, como sus operaciones laborales.

Permite, adicionalmente, la posibilidad de que aquellos escritorios o mesas de trabajo que no se encuentren orientados hacia la puerta de entrada, puedan permanentemente observar a quienes entren por ella.

Espejos convexos

Los espejos representan uno de los elementos correctivos más importantes en la aplicación de las técnicas del Feng-Shui de sanación ambiental. Su uso, salvo contadas excepciones, resulta altamente recomendado, y en el caso de los convexos, casi totalmente inútiles para cualquier otro uso más allá del decorativo, resultan ideales para el reflejo y redistribución de las energías vitales.

Estas energías se mueven suavemente sobre la superficie curva del espejo a la vez que se reflejan hacia diferentes direcciones del espacio. En casos, como los pasillos a los que no se ingresa por uno de sus extremos sino por un punto intermedio, o en el de las áreas de distribución, que comunican con varias dependencias del espacio, un espejo convexo garantiza una reorientación homogénea de la energía hacia todas ellas.

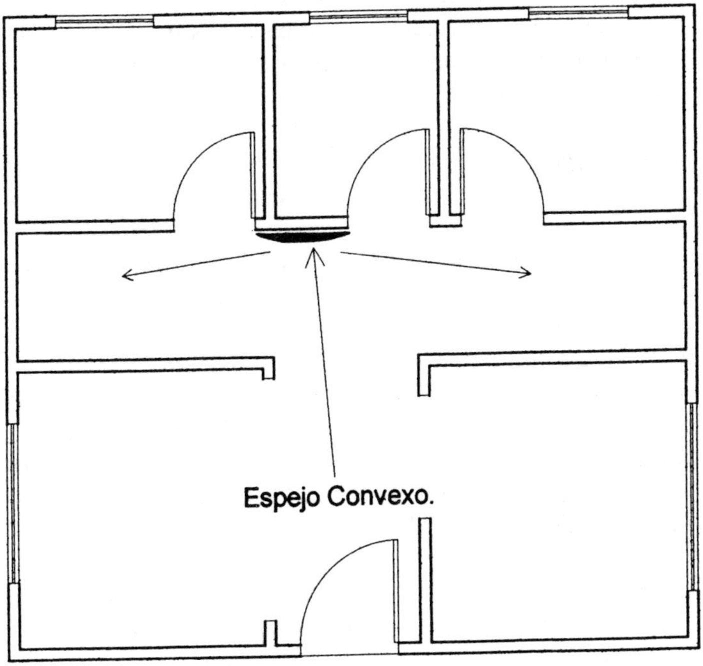

Al llegar la energía al espejo, se refleja y proyecta hacia los extremos del pasillo.

Este tipo de espejos presenta el gran inconveniente de la capacidad que poseen para deformar los objetos o cuerpos que se reflejan en ellos, pudiendo generar estados inconscientes de desajuste emocional. Esto se evita colocando el espejo a una altura tal que impida que se reflejen las personas que circulan o usan el espacio, colocándolo a una altura ligeramente mayor de la normal de una persona o en algún sector del espacio fuera de las áreas de circulación, para que nadie pueda topárselos de frente y mirarse en ellos.

Espejos seccionados

Vienen en forma de baldosas y resultan fáciles de instalar y muy convenientes en cuestiones de decoración, para cubrir parte o la totalidad de paredes, columnas y techos en habitaciones, oficinas y tiendas o para crear efectos lumínicos especiales, pero ocurre con ellos lo mismo que con los espejos fragmentados, los que, por efecto de la falta de continuidad, descomponen las imágenes de las personas u objetos del espacio que se reflejan en ellos, lo cual genera un mal Feng-Shui en quienes los usen para cuestiones relacionadas con la estética corporal, al recibir de sí mismas una imagen distorsionada.

Espejos en las columnas

Las columnas rectangulares al igual que las vigas están provistas de aristas que resultan altamente agresivas. La solución más factible para estos recursos arquitectónicos, siempre muy necesarios y a veces muy ornamentales, aunque no siempre del todo prácticos, es la de cubrir sus superficies planas con espejos. Esta solución, sin embargo, resulta apropiada para lugares destinados a la realización de actividades recreativas y sociales, restaurantes y tiendas. Le dan mayor esplendor y amplitud a los espacios, y multiplican los recursos de comercialización y consumo que hay en ellos. En colegios, conventos o centros espirituales de retiro y oración, el uso de plantas colgando al lado de las columnas resuelve el problema que presentan las columnas, aunque en estos casos, por lo general, las columnas poseen secciones transversales redondas.

Cristales tallados

Junto con los espejos, estos artículos son los implementos más valiosos para el control y mantenimiento de la *energía vital* en el interior de los espacios. Colgados del borde superior de las ventanas, impiden que la energía se escape, a la vez que la distribuyen y envían hacia otras zonas del espacio, pero cumplen, a la vez, una tercera función: los pequeños puntos de luces multicolores, producto del efecto prisma, introducen al espacio energía lumínica desde el exterior. Pueden ser usados en pasillos, espacios muy amplios y en cualquier sitio donde se requiera distribuir la energía ambiental.

Los hay de varias dimensiones, desde uno hasta tres centímetros son los mas usados, aunque los hay también de diámetros mayores.

El tamaño o diámetro del cristal, en sí mismo, no reviste mayor importancia en el efecto benéfico de su uso. Se cree que los de mayor tamaño podrían generar efectos colaterales de sobreexposición energética. Esto no está del todo probado y, dado que la cualidad sanadora de un objeto está más relacionada por lo que éste representa, es de esperar que el tamaño sea el factor menos importante cuando se usa con esa finalidad.

Los cristales, al igual que todos los elementos representativos del elemento *metal*, resultan apropiados para filtrar las irradiaciones de naturaleza electrónica. Las mesas de las computadoras se encuentran, tal vez por esta razón, recubiertas en láminas de colores claros, cremas o beiges, propios de ese elemento. Los cristales, igualmente, resultan convenientes cerca de los equipos que irradian este tipo de ondas electromagnéticas.

Pueden colgarse del techo o del borde superior de una puerta o una ventana. Es indispensable que puedan recibir luz directa solar, por lo que es conveniente colocarlos en ventanas orientadas hacia el Este, donde lo recibirán por la mañana, o hacia el Oeste, donde su efecto multicolor se hará notar en las tardes. La altura a la cual deben colocarse, o lo que es lo mismo la longitud del cordel con el cual penden, debe calcularse de manera que el cristal pueda recoger la luz exterior que entra por la ventana.

Existen ciertas normas de carácter y uso estrictamente oriental que indican que los cristales deben ubicarse a nueve unidades del techo, bien nueve centímetros o nueve pulgadas, etc., estas precisiones pueden deberse a causas generadas por el orden arquitectónico chino, en cuanto a las proporciones de sus medidas, que repercuten en lo esotérico y lo simbólico. Dentro del occidental, en este sentido podrían, justificadamente, resultar inoperantes. Se entiende, entonces, que no importa la altura a la cual se cuelgue el cristal, siempre y cuando reciba luz externa en forma directa.

Plantas

Representan los elementos madera y tierra, aunque algunas especies lo hacen también con el elemento agua. Dentro de las primeras se encuentran las plantas de tallos duros y leñosos, principalmente árboles, a la segunda categoría pertenecen los arbustos y rastreras, (ficus, ixoras, jazmines, trinitarias), y, a la última, los lirios, lotos, todas las clases acuáticas y también las que poseen tallos y hojas gruesas y acuosas. De acuerdo con la relación simbólica de la apariencia de los objetos, cada tipo de planta ofrece una forma particular de ejercer su influencia protectora.

Difícilmente puede pensarse en una solución integral a partir de las prácticas del Feng-Shui, sin el uso, en gran medida, de plantas. Éstas, junto con los espejos y los cristales, representan, en este sentido, grandes recursos de sanación.

Debe tomarse en consideración en ellas el color de sus hojas y flores. Por ejemplo, las trinitarias y las ixoras presentan siempre una abundante carga de flores, multicolores en las primeras e invariablemente rojas en las segundas, que resultan muy apropiadas para los sectores a los que les correspondan tales colores.

Plantas vivas

Oxigenan convenientemente el ambiente, provocando un libre y sano flujo energético vital. Son útiles para modular la velocidad de esa energía, por lo que deben lucir permanentemente limpias, frescas y saludables, gozar de la iluminación, humedad y nutrientes adecuados, aunque sin excesos en ninguno de esos aspectos, que pudieran saturarlas.

Las plantas resultan convenientes en los rincones o en las áreas donde se desea que la *energía vital* cambie de rumbo o de velocidad, y colocadas en los límites del espacio con el exterior, al lado de barandas y balcones, son buenos recursos de freno de esa *energía vital* para que no se vuelque hacia el exterior.

Plantas en los baños y en las habitaciones

Existe la creencia de que el uso de plantas dentro de los baños y de las habitaciones, aunque muy útiles bajo ciertas condiciones de decoración y ambientación, resultan perjudiciales bajo el punto de vista del Feng-Shui, ya que ellas requieren de mucha energía para subsistir.

Este planteamiento podría carecer de solidez, ya que ese mismo tipo de recurso vegetal es usado en ventanas, balcones y jardineras separadoras de ambientes para desviar la energía y no para consumirla, con magníficos resultados. En casos críticos, es preferible dejar de usarlas en los baños y dirigir la atención en ellos hacia otro tipo de recursos más contundentes y seguros de sanación energética, tales como los espejos y los cristales.

Plantas artificiales

Existen pocas razones de peso para evitar su uso, dado que las técnicas sanadoras del Feng-Shui se fundamentan sobre términos de *horizontalidades sensoriales*, basta tan sólo utilizar algún recurso que semeje, simbolice o refleje a un elemento sanador para que esta representación cumpla con las mismas funciones.

Sin embargo, en el caso de que sea posible el uso de plantas vivas o naturales, será preferible al de las artificiales, aunque estas últimas no tendrían por qué quedar excluidas de las prácticas sanadoras del Feng-Shui, si gozan de la aceptación y gusto de los usuarios del espacio.

Plantas agresoras

Algunos tipos de plantas presentan un aspecto agresivo. Los filos y puntas de ciertas plantas, como las sábilas o los cactus, representan al elemento metal por lo que, en unión o sustitución de los cristales, resultan útiles cuando se requiera filtrar las radiaciones electrónicas de los equipos de computación o como elemento de protección energética.

En estos casos, hay que tener presente que, al igual que las piedras colocadas delante de las puertas de entrada, representan, en estos mismos lugares, un elemento de protección o freno contra las energías agresoras o negativas que llegan a ellos, pero, con la consideración de que, al igual que resultan agresivas para los factores externos, también lo son para las personas que permanentemente deben tenerlos al alcance de su vista.

Árboles

Aparte de los bonsai, miniaturas que cumplen con las mismas funciones de los árboles normales y que, entre sus delicados cuidados, deben mantenerse alejados de la luz directa del sol, los árboles requieren para su crecimiento natural de las condiciones de aireación y luz natural propias de los espacios exteriores, y es en éstos donde cumplen con sus funciones energéticas regulares. Son extractores de energía negativa de los espacios donde se encuentran y capaces de extraer la energía del interior del planeta para difuminarla, a través de sus ramas, en el espacio donde se encuentran.

Especial cuidado debe tenerse con ellos sólo cuando se encuentran dentro de algún vacío del espacio o cuando sus ramas se vuelcan hacia el exterior del mismo. En el primer caso, la succión de la energía que provoca del vacío se agudiza con el consumo que hace el árbol de ella, y en el segundo, el mismo árbol se encarga de enviar al exterior la *energía vital* del espacio. Pero cuando los árboles crecen en un solar o jardín que pertenece a la vivienda, resultan altamente favorecedores, pues actúan como barreras contra el escape energético. Algunos autores suponen que estos segmentos externos de la vivienda, propiamente dicha, no pertenecen al espacio vital, pero no es así, sí pertenecen a ella y se incluyen en el trazado del mapa Bagua.

Árboles invasores

Los árboles externos, colindantes con el jardín, con la fachada de las casas o con los apartamentos, pueden extender sus ramas hacia el interior de ese jardín o vivienda. En este caso, y siempre que el árbol exterior no se encuentre en un *vacío* del inmueble, no causará ningún problema, por el contrario, de esas ramas emergerá una energía muy positiva, extraída por las raíces del árbol de la tierra, que podrá ser aprovechada en beneficio de los habitantes de la vivienda.

En el caso de que la raíces del árbol se encuentren en un *vacío*, la energía succionada por él del inmueble lo alimentará, por lo que la fuerza de succión será mas fuerte y contundente. Deberán emplearse en el interior de la vivienda recursos de freno energético más poderosos.

Móviles y sonajeros

De gran poder para remover y hacer circular la energía ambiental a partir del aire o la brisa que llega hasta ellos. Sus movimientos y sonidos provocan que la energía no se estanque, o se escape hacia el exterior del espacio, como ocurre frecuentemente, en los rincones, en los que se sedimenta, o con las ventanas y orificios, que permiten la salida de la energía.

Tienen la facultad de frenar y modular el flujo energético en pasillos largos, dentro de los cuales, aquél lo haría a una gran velocidad, y sin posibilidad de generar algún efecto benéfico. De este tipo de recursos sanadores resultan particularmente eficaces y útiles en cuestiones decorativas, las campanas tubulares afinadas para generar sonidos similares a los de iglesias y catedrales. El tintinear de los más pequeños depara alegría y frescura al ambiente.

Los de bambú poseen sonidos vegetales y acuáticos que resultan muy frescos y relajantes, y su acción activa los más sutiles niveles del inconsciente.

Pueden tomarse en consideración los móviles de mesa, los que, colocados sobre cualquier superficie horizontal, funcionan de acuerdo con la pérdida constante del equilibrio entre sus diferentes masas. Su permanente movimiento hace que la energía que llega a los sectores donde ellos se encuentran circule. Colocados sobre escritorios y estantes, resultan ideales para oficinas.

Relojes de péndulo

Aparte de resultar hoy en día enormemente atractivos, principalmente los antiguos, pueden llegar a cumplir una doble función de sanación en las técnicas del Feng-Shui, dado, por un lado, el constante movimiento del péndulo, que origina que la energía fluya y circule en el sector donde ellos se encuentran, y, por otro, por el sonido regular y periódico que generan al dar las horas o fracciones. Su vibración se extiende por todo el espacio y hacia los adyacentes, provocando con su armónica vibración sonora que todos estos espacios se llenen de *energía vital*.

Animales

Son los mejores conductores de la *energía vital*, saben reconocer cuándo ésta falla o deja de existir. Los domésticos deben sentirse cómodos y apreciados y, sobre todo, cuidados, teniendo presente que los excesos en este sentido, a través de la aplicación de productos químicos para uso cosmético humano, pueden hacerles perder la dimensión de sus facultades sensoriales.

Los animales visitantes esporádicos o circunstanciales, aunque a veces se hacen huéspedes asiduos y hasta permanentes, son muy útiles, aunque no deben presentar ningún tipo de peligrosidad física, ni ser portadores de gérmenes nocivos.

Especial cuidado debe tenerse con los insectos y roedores de cañerías, los cuales se desarrollan en lugares de poca higiene y ventilación, por lo que representan una inequívoca señal de una presencia débil de *energía vital*. Su exterminio debe formar parte de los hábitos de limpieza y ordenamiento espacial, siempre y cuando los recursos empleados no resulten nocivos para los animales deseados o la salud de los habitantes o usuarios del espacio.

Animales libres

Entre otros, aves y en especial palomas y pájaros, que se acercan con regularidad a los balcones y terrazas en busca de algún tipo de alimento o agua para beber o revolotear, resultan de mucha utilidad para las prácticas sanadoras del Feng-Shui, porque remueven la energía existente en el espacio o aportan la que traen consigo de otros lugares. Donde ellos se encuentran, con toda seguridad se respira armonía y tranquilidad. Este tipo de animales le huye a los ambientes densos y desprovistos de *energía vital*.

Las pajareras son funcionales y prácticas en las ventanas

y cumplen la misma función que los sonajeros, con las ventajas adicionales que aportan las aves: sus cantos y sonidos armónicos y sus movimientos dentro de ellas.

Objetos sagrados y de consagrar

Difícilmente puede encontrarse a una persona que no posea sus propios espacios de objetos o imágenes a los que les rinde culto y honores, enfocando en ellos las peticiones, favores y beneficios que requiere de las fuerzas cósmicas que mueven el universo y que representan de alguna manera su fe religiosa.

Una pregunta muy común a la hora de diagnosticar cierto tipo de sanaciones para los espacios analizados es cuál podría ser el lugar adecuado para dedicarlo a estas actividades propias de la práctica y fe religiosa y la de sus objetos representativos.

Las mismas pueden ser colocadas en cualquier lugar del espacio total, con la condición de que los materiales, colores y texturas con los que están fabricados correspondan a esos sectores en particular.

Una excepción en este sentido es el área de *las relaciones*, en la cual no resultan convenientes, a menos que en este sentido se practique voluntariamente el celibato, la castidad y el compromiso de mantener una estrecha vinculación con alguna divinidad representativa de su fe.

Un consultante vio rota su relación matrimonial seis meses antes de la consulta. Durante la misma, se observó y retiró del área de *las relaciones* en su apartamento una talla en madera de una virgen. Esa tarde recibió una llamada de su esposa para invitarlo a mantener una entrevista, la cual concluyó en una segunda luna de miel y el reinicio de sus relaciones matrimoniales.

Es frecuente ofrendar a las divinidades religiosas, representadas en imágenes o figuras, con el uso de elementos naturales. Estos resulta más conveniente usarlos dentro de los sectores energéticos que representan, así, por ejemplo, los líquidos (*agua*) en el sector del *trabajo*, las velas e inciensos (*fuego*) en el de *la fama*.

Las imágenes religiosas, vinculadas con santos o con guías espirituales, Jesús, Mahoma, Buda, entre ellos, resultan recomendables en el sector de *la familia*, denominado también como sector de los maestros y guías espirituales. Con sus ropajes de tonalidades densas y texturas relacionadas con la madera que poseen las imágenes religiosas, se adaptan perfectamente a este sector.

Hay otro sector en el mapa Bagua que –dado su uso genérico para todo lo que signifique ayuda y protección material por parte de terceros y extraños a la vivienda– debe tomarse en cuenta para cualquier otro tipo de asistencia personal, y es el de los *amigos* y *benefactores*, ubicado abajo a la derecha, el cual también se relaciona con los vecinos, que son los que en principio tienen mayor posibilidad de prestar ayuda inmediata ante cualquier problema que se presente.

En este sector, al igual que en los otros dos que comprenden toda la línea inferior del mapa Bagua (línea Norte), resulta muy apropiada la colocación de objetos que posean o recuerden el elemento agua. Bastará, en algunos casos, algún cuadro que posea un motivo marino. Además, dada la cercanía de este sector con el área metálica de los proyectos, estos objetos pueden estar construidos parcial o totalmente con este material, metal, o con cualquier otro que lo recuerde, bien en texturas lisas y brillantes, o en colores claros, preferiblemente blancos y grises.

Máscaras

Sinónimo de misterio, todas las civilizaciones las han usado para invocar fuerzas espirituales, tanto para el bien como para el mal. Al cubrir el verdadero rostro de quien las usa, le confiere a éste otra personalidad y carácter diferente a la suya propia.

A menos que la máscara no posea una significación especial y preferiblemente un uso real, deben evitarse para funciones decorativas, pues en su inocente presencia es portadora de cargas energéticas latentes, que podrían no ser del todo compatibles con la *energía vital* que debe circular en las áreas donde ellas se encuentran.

Música

Se cree, en la práctica del Feng-Shui, que todo espacio donde existe movimiento, brillo, sonoridad, o cualquier otra posibilidad estimulante, que pueda ser percibida directamente a través de las diferentes vías sensoriales, provee los recursos y vías adecuadas para que la *energía vital* circule libremente y en forma vigorosa y productiva. En este sentido, la música constituye uno de los motivadores de la vida cotidiana, válida para todas las ocasiones posibles en que se realicen actividades de cualquier naturaleza. Tiene la ventaja, tal vez comparable a la que aporta la preparación de los alimentos, de que sus ondas benéficas cubren todo el espacio donde se producen, extendiendo su alcance hacia otras áreas remotas.

Estas vibraciones sonoras sólo resultan nocivas cuando en armonía, sonoridad y volumen, sus niveles sobrepasen los que arquitectónicamente permite el espacio dónde se producen o generan.

La música permite infinitas posibilidades como complemento ambiental. De ella podría decirse que es el más importante y significativo de todos los estímulos sensoriales, y que, como ningún otro, ni siquiera los de orden estético, logra una mayor complacencia espiritual. Un espacio estará siempre incompleto, en cuestiones atmosféricas, sin la presencia de sonidos ambientales y, en momentos, musicales, principalmente, si los mismos entran en armonización con los habitantes y usuarios de esos espacios.

Agua en movimiento

El agua de las cascadas, fuentes eléctricas o naturales y

de las peceras, genera flujo y conducción adecuada de la energía. Su uso racional aporta excelentes resultados benéficos en cuanto a su movimiento y circulación, principalmente en el sector Norte del espacio, el del *trabajo* y *los viajes*, y, por reflejo, también en el de *los benefactores*, y en el de *los conocimientos*.

En el caso de las peceras y fuentes, resultan adecuadas también para el área de *las finanzas*, y aunque algunos piensan que su uso podría resultar genérico para cualquier otra área del espacio no está de más tomar las precauciones con respecto a la armonización con los elementos correspondientes a esas áreas, recordando que representan al elemento *agua* y que su sola presencia podría anular las representaciones o presencias del *fuego* o la *madera*. En segmentos *tierra* resultan especialmente útiles.

Próximas a las puertas de las casas, de los negocios o de cualquier otro espacio que requiera el ingreso y aporte económico de visitantes y favorecedores, resultan muy convenientes las corrientes y caídas de agua, siempre y cuando éstas den la impresión, o en efecto lo hagan, de acercarse al espacio y no de alejarse de él, llevándose la *energía vital*.

Campanas

Se distinguen de dos tipos, las colgantes y las de mesa. Las primeras penden del techo, de una viga, de una pinza adosada a la pared, o dentro de una torre, como en las iglesias, destinada a provocarles una mayor sonoridad. Las del segundo tipo vienen provistas de un mango o asa.

Existe, además, un tercer tipo que lo constituyen las tubulares, consistentes en un grupo de tubos colgantes, todos de un mismo cuerpo, con una masa central, también colgante, la cual, al igual que ocurre con los badajos de las demás campanas, se encarga de procurar el sonido al golpear contra los tubos. Resulta sumamente hermosa la variedad de sonidos que generan estos tubos, pues cada uno de ellos, dependiendo del material de que esté construido y de las dimensiones de los tubos, produce un sonido particular. Algunas campanas de este tipo reproducen, en menor escala, el de las existentes en las grandes catedrales del mundo.

En cuanto a las primeras, existen de toda clase de materiales y sonoridad. Pueden encontrarse no sólo fundidas en metales de toda naturaleza, sino también de diferentes tipos de cristales. Todas, sin excepción, resultan muy útiles para romper y expandir las energías patógenas acumuladas en los ambientes. Basta sonarlas en los rincones, en los recodos espaciales o en el espacio abierto para sentir inmediatamente que, con su sonido, una suave oleada de energía se mueve en el interior del espacio, procurando un flujo energético saludable y vital.

Son frecuentemente usadas en los tratamientos de limpieza energética principalmente en los de sanación holística. Su vibración sonora genera reajustes y equilibrios en las emanaciones energéticas que se producen a través de la superficie de los objetos, esta energía se considera como el aura natural que ellos poseen. Mientras más valor sentimental tenga el objeto para las personas que lo poseen mayor será también su emanación energética.

Provocados sus movimientos a través de la tracción, como en las iglesias, con la mano, como con las de mesa, o por efecto del viento, como ocurre con las tubulares, sus diferentes matices sonoros, resultan indispensables en cualquier proceso de reconducción o sanación energética.

Piscinas

Siempre y cuando se mantengan limpias, en uso, con el agua que contienen en constante movimiento, estos recursos recreativos y deportivos son sumamente útiles colocados en cualquier sector del espacio vital generalmente al aire libre, y preferiblemente dentro de los mismos sectores señalados para las fuentes y las corrientes de agua.

Pueden, en especial las usadas con fines deportivos, ser

instaladas en sectores internos del espacio, debidamente climatizados, en zonas geográficas donde las condiciones climatológicas temporales podrían impedir su uso constante. Poseen una condición benéfica adicional y es la que aportan sus usuarios al nadar o realizar cualquier otra actividad en el agua. Las piscinas vacías, sin uso o, peor aún, usadas como depósitos o basureros, son proveedoras de cargas energéticas negativas.

Piedras y peñones

Tanto como las peceras, las piedras de grandes dimensiones son recursos de mucho uso en las decoraciones orientales. Representan éstas últimas al elemento *metal*, por lo que lucen muy apropiadas dentro de grandes extensiones de tierra, o en medio de la fresca vegetación, o madera, de algún jardín.

Colocadas en las puertas de entrada de las viviendas, representan un buen recurso de protección. Como todo lo metálico, que tiende en sí mismo a resultar agresivo, en decoraciones *madera*, la presencia moderada de la piedra, *metal,* generará un efecto cortante, debilitando la presencia y peso que aquélla pudiera tener en la ambientación.

Anexo
Sobre la Escuela de La Brújula

Todas las consideraciones que puedan hacerse sobre esta tendencia –que se fundamentan sobre las orientaciones magnéticas del terreno donde se construirá o se encuentra construida una vivienda– son posteriores a las desarrolladas que dentro del Feng-Shui por los orientales con respecto a la forma misma de la vivienda y su distribución interior, pues la invención por parte de ellos de la brújula, instrumento usado para determinar las orientaciones magnéticas terrestres, se produjo mucho tiempo después de que ellos utilizaran algún sistema de resolución espacial en materia energética.

De la Escuela de La Brújula se derivan muchas tendencias y formas particulares de aplicación del Feng-Shui, que utilizan la orientación magnética terrestre del terreno, es decir, los cuatro puntos cardinales principales, Norte, Sur, Este y Oeste, y los cuatro derivados de éstos, el Noreste, Noroeste, Sureste y Suroeste.

Por razones de índole geográfica e histórica, los chinos consideraron necesario que la puerta principal de entrada en sus viviendas quedase orientada hacia el Norte magnético, sector del *agua*, o del Guerrero Negro, tal y como lo denominan los seguidores de la corriente o escuela de Las Nueve Estrellas. La parte sur del espacio la denominan El

Pájaro Rojo, los lados Este y Oeste, Dragón Verde y Tigre Blanco, respectivamente.

En este sentido, todos estos términos y valores simbólicos poseen una enorme significación dentro de la cultura china, pues se derivan de sus mismos valores filosóficos, pero carecen de toda significación entre los ámbitos culturales occidentales.

Sin embargo, y aunque anteriores los criterios energéticos espaciales de la Escuela de La Forma a los de La Brújula, han prevalecido hasta la actualidad algunos términos y significados de esta última, razón por la cual ha resultado difícil de erradicar el término de "sector Norte" para denominar aquel en el cual se encuentra la puerta principal de entrada de una vivienda.

Aunque se le siga denominando de esta manera, dentro de las consideraciones de la Escuela de La Forma, no es necesario ni requerido que esta puerta principal de entrada esté ubicada en el Norte magnético del espacio. Tampoco hace falta realizar ningún tipo de corrección en el caso de que no sea así. Siempre se le denominará Norte a este sector, independientemente de su orientación magnética.

El espacio, según las consideraciones magnéticas de esta corriente, y al igual que en la Escuela de La Forma, se divide también en nueve sectores energéticos. Esta sectorización no se hace a partir de la *rectangulación* del espacio, sino de su *octagonización*. Se busca levantar o trazar sobre el plano del espacio un octágono de lados desiguales. Los espacios cuadrados generan octágonos de sectores iguales.

Sobre el plano del espacio, se desarrolla, de igual manera que en la Escuela de La Forma, un rectángulo externo y a partir de las dos diagonales de ese rectángulo se encuentra el centro del espacio. Este es el centro geográfico, a la vez que el *centro energético* de ese espacio.

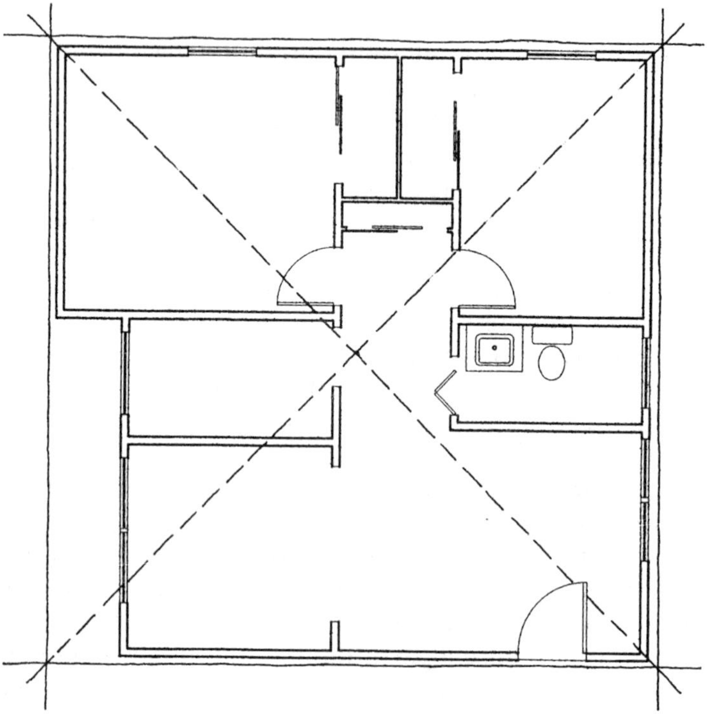

El centro magnético *coincide con el* centro energético. *Se obtienen a partir de la intercepción de las dos diagonales del rectángulo perimetral.*

Con centro en ese punto obtenido a partir de la intercepción de las diagonales, se traza un círculo externo al espacio. El diámetro es indiferente, aunque es conveniente trazarlo de manera que dicho círculo quede fuera del espacio representado en el dibujo.

Se coloca una brújula en el punto del espacio real equivalente al centro magnético obtenido en el dibujo y se hace coincidir la línea Norte-Sur, del cuerpo de la brújula con su aguja. Se verifican así los ocho puntos cardinales del espacio, los cuales se señalan, con sus ejes respectivos, en el dibujo del espacio.

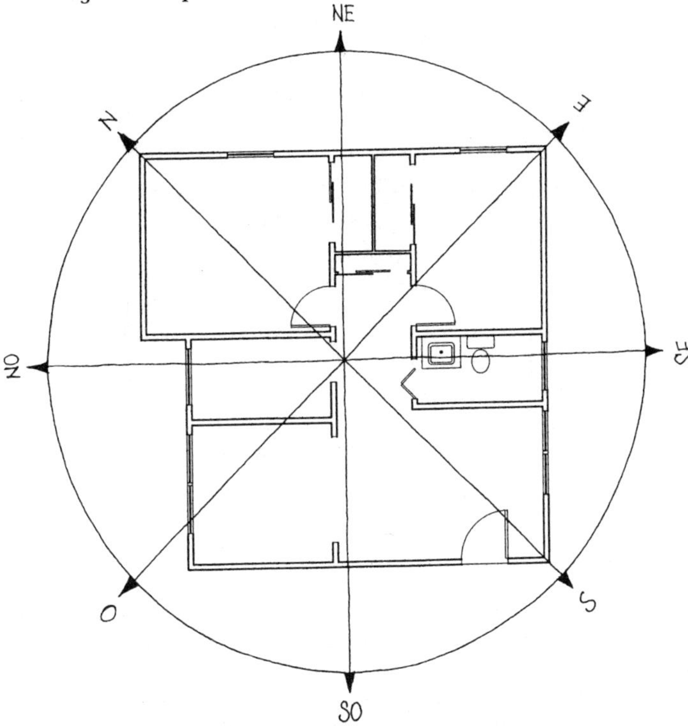

Se trazan las líneas magnéticas del espacio, coincidentes con las direcciones señaladas por la brújula cuando es colocada en el centro del espacio. Por último, se trazan perpendiculares a esas ocho líneas magnéticas, tangenciales al círculo obtenido.

Los puntos de intercepción de estas ocho tangentes definirán los extremos de las ocho líneas que limitan al mapa Bagua octogonal. Trazando las diagonales internas de esta figura se definen las ocho áreas energéticas del espacio, correspondiente cada una de ellas a una dirección magnética del espacio.

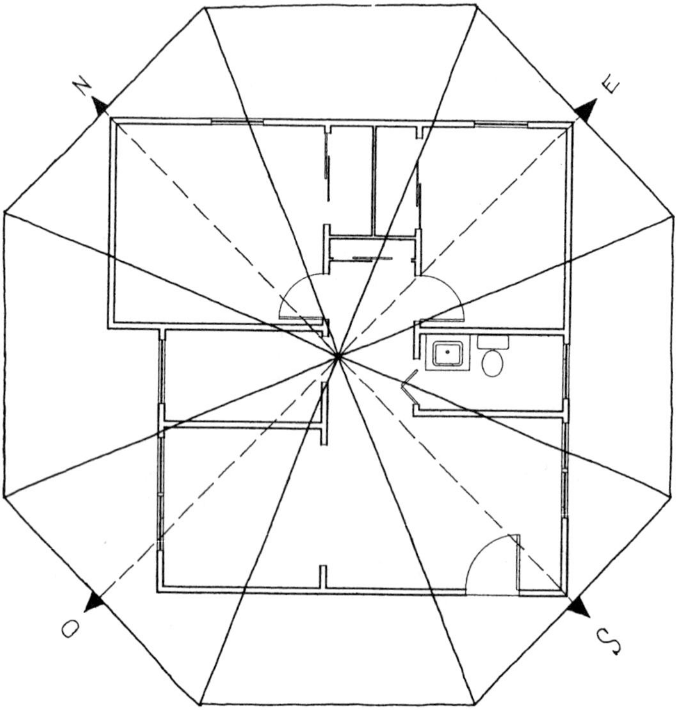

En lugar de las nueve áreas del mapa Bagua de la Escuela de La Forma, el de la Escuela de La Brújula sólo posee ocho. Esto se debe a que el sector central de la salud, dentro de esta consideración de orientación magnética, se encuentra igualmente ubicado en el centro del espacio y lo conforma la incidencia de todos los demás sectores. Es en este sector central donde, habitualmente, los chinos colocan en sus construcciones el del procesamiento y consumo de los alimentos, es decir, cocina y comedor, base fundamental para ellos de todas las consideraciones relacionadas con la salud.

En la Escuela de La Forma, y, más específicamente, en la Perimetral, los sectores energéticos no siempre coinciden con los sectores magnéticos. En este caso las denominaciones Norte, Sur, Este y Oeste para esos sectores son solamente simbólicas. Esta es la gran diferencia entre ambas tendencias, que poseen por separado, sus propios seguidores.

Pero, al igual que todas las demás corrientes del Feng-Shui, ambas establecen un orden interno en el espacio arquitectónico y, sea cual sea ese orden, lo importante es su existencia, de manera tal que la *energía vital* pueda encenderse con el ingreso al recinto de sus propietarios, de sus usuarios y de sus favorecedores, y encuentre una senda apropiada para fluir adecuadamente, y principalmente para que aporte armonía, prosperidad y salud en todas las acciones que estas personas realicen.

M51/E1/01

Esta edición se terminó de imprimir en octubre de 2001. Publicada por ALFAOMEGA GRUPO EDITOR, S.A. de C.V. Apartado Postal 73-267, 03311, México, D.F. La impresión y encuadernación se realizaron en IMPRESORA MULTIPLE, S.A. de C.V., Saratoga No. 909, Col. Portales 03300, México, D.F.